# Ritos y mitos de la muerte en México y otras culturas

# Ritos y mitos de la muerte en México y otras culturas

MARCO ANTONIO GÓMEZ PÉREZ

JOSÉ ARTURO DELGADO SOLÍS

Grupo Editorial Tomo, S. A. de C. V.
Nicolás San Juan 1043
03100, México, D. F.

1a. edición, septiembre 2000
2a. edición, junio 2002.

© Ritos y Mitos de la Muerte en
   México y Otras Culturas
   José Arturo Delgado Solís
   Marco Antonio Gómez Pérez

© 2002, Grupo Editorial Tomo, S. A. de C. V.
   Nicolás San Juan 1043, Col. Del Valle
   03100 México, D. F.
   Tels. 5575-6615, 5575-8701 y 5575-0186
   Fax. 5575-6695
   http://www.grupotomo.com.mx
   ISBN: 970-666-301-0
   Miembro de la Cámara Nacional
   de la Industria Editorial No. 2961

Diseño de la portada: Emigdio Guevara
Diseño tipográfico: Servicios Editoriales Aguirre, S.C.
Supervisor de producción: Leonardo Figueroa

Impreso en México - Printed in Mexico

De Marco Antonio Gómez Pérez:

*Para mi esposa Maricarmen,*
*hijos Marco Antonio y Christian,*
*padres María Cristina y Mario,*
*suegra Gabina Flores Salinas y*
*hermanos: Raúl, Mario, Jesús,*
*Miguel, Arturo y Guadalupe*

*A los seres queridos que*
*integraron la esencia de mi vida*
*y ahora descansan en paz...*

José Arturo Delgado Solís

# Acerca de los Autores

**Marco Antonio Gómez Pérez.** Es agresado de la carrera de Periodismo y Comunicación Colectiva de la UNAM. Ha colaborado en varios periódicos y revistas. Jefe de prensa, subdirector de Turismo, reportero en Televisa, jefe de información en TV Azteca, profesor en el Instituto de Mercadotecnia y Publicidad, guionista de comics, director de comunicación y relaciones públicas de la Cámara de Radio y Televisión, productor de radio y coautor de los siguientes libros: Las profecías del ¿Juicio final? / Duendes, gnomos, hadas, trolls y otros seres mágicos; / Fantasmas, leyendas y realidades y Clonación, ¿el futuro de la humanidad? Nació el 21 de enero de 1953 en la Ciudad de México.

**José Arturo Delgado Solís.** Nació en la Ciudad de México, D. F. en el año de 1957. Ha incursionado en diversas actividades relacionadas con los medios de comunicación. Es locutor, periodista, investigador, antropólogo social. Ha sido productor y director de programas radiofónicos y de televisión; ha colaborado en algunas publicaciones y participado en eventos especiales y actividades gerenciales de representación empresarial.

# Contenido

# Prólogo

**M**uerte, ¿cuántos sentimientos encierra esta palabra?, con seguridad más de los que imaginamos: temor, miedo, terror, consuelo, incertidumbre, alegría, compasión, esperanza, venganza y otros que usted, amable lector, desee agregar. Mucho se ha hablado, escrito y filosofado sobre la muerte, grandes pensadores y científicos han manifestado sus sentimientos a lo largo del tiempo sobre este aparente fin de la vida física, tal y como la conocemos, pero, ¿qué hay después que fallecemos?, ¿nos vamos al cielo, al purgatorio, al infierno, a los planetas superiores, reencarnamos, estaremos en el limbo, nos integramos a la luz divina y formamos parte de ella o, simplemente, desaparecemos?

Estas y muchas preguntas más nos las hemos hecho en algún periodo de nuestra vida y algunas de las posibles respuestas nos han llegado a través de oraciones, meditaciones, otras por medio de las diversas religiones y algunas más de culturas y filosofías antiguas, sobre todo prehispánicas y orientales; en estas últimas el budismo e islamismo destacan la reencarnación como una casi infinita rueda de vida-muerte-reencarnación, hasta llegar a alcanzar el más alto grado de perfección o evolución que los humanos podemos lograr.

Por supuesto, no podemos descartar a las religiones cristianas, entre las que destaca la católica, aunque tenga sus bases en el judaísmo a través de las escrituras del Antiguo Testamento; por ellas, creemos en la posibilidad de alcanzar un estado de paz y tranquilidad gracias a nuestras buenas acciones, o por el contrario, de sufrir el fuego eterno por llevar una vida negativa.

Pero esa es sólo una parte de lo que encierra la palabra muerte desde el punto de vista religioso, sin embargo, caben varias preguntas especiales y muy personales, ¿estamos preparados para morir?, ¿a qué le tenemos miedo realmente, a morir o a hacerlo en completa soledad?, ¿por qué los antiguos habitantes de México llevaban a cabo exquisitos rituales para halagar a la muerte y festejar a sus muertos?, ¿por qué lo seguimos haciendo, ya con la influencia de la cultura europea, pero que en escencia son las mismas que las prehispánicas?, ¿tenemos derecho a dejar morir a enfermos que médicamente no tienen remedio alguno?, ¿podemos y debemos ayudar a bien morir a los desahuciados?, ¿qué pasa con los que mueren violentamente y casi nunca se dan cuenta de que ya están muertos?, ¿acaso muy dentro de nosotros somos adoradores del dios Tánatos o de la muerte, tanto así que también los adoramos a través de la Santísima Muerte?

En verdad son muchas las interrogantes en torno a la muerte y muy pocas las respuestas, por supuesto que en esta obra no pretendemos contestarlas todas, sino únicamente presentar algunas características de las muchas que abarca el proceso de morir, antes, durante y después de que suceda. Ha sido un trabajo sumamente complicado pero altamente satisfactorio, los autores no queremos halagar a los científicos sino ofrecer a la gente común, como usted y nosotros, una tenue luz sobre este tema de la muerte, de esa muerte que muchas veces no queremos ni mencionar con tal de no atraerla hacia nosotros o a la gente que nos rodea y amamos, pero la verdad es que en ella podemos encontrar a la única instancia realmente democrática, ahí no hay influencias que valgan, cuando llega la hora de dejar este mundo, llega y por más derecho que creamos tener para continuar viviendo, cuando es, es y probablemente, cuando la parca cubre con su velo a las personas y a todo lo viviente, es porque eso que fallece ¡ya cumplió con su cometido en esta vida!

Si esos seres fallecidos son juzgados y sentenciados al cielo, purgatorio, infierno, a los planetas superiores o inferiores o a reencarnar, es otra cuestión, lo importante es que finalmente somos responsables de nuestros actos, somos almas individuales y como tales seremos juzgados imparcialmente, proceso durante el cual, tal vez nosotros mismos tengamos la facultad de solicitar otra oportunidad, ya sea como espíritus protectores ayudando a seres vivientes o reencarnando en otro cuerpo que nos permita mejorar lo que hemos hecho como seres humanos y lograr la ansiada perfección.

Porque por si no lo hemos descubierto, somos seres perfectos desde el punto de vista que nos equivocamos, ¡si, esta afirmación no es contradictoria!; al cometer errores, reconocerlos y corregirlos, estamos logrando un alto grado de perfección, ya que además, también somos seres perfectibles y a cada muerte de alguien que conocemos, amamos u odiamos, nos marca esas pautas a seguir, por eso, debemos respetar a la muerte no nada más por lo que sufrimos y gozamos en vida sino (y sin que esto justifique el suicidio) por el futuro que nos promete.

# La muerte en el México Prehispánico

José Arturo Delgado Solís

**E**n ocasiones nos preguntamos qué fue primero ¿el rito o el mito?, para ubicarnos mejor en esta concepción; en la memoria colectiva se tiene la creencia en fenómenos inexplicables asociados a la naturaleza o que no tienen una explicación lógica; así surgen las leyendas y los mitos; del arraigo de estas creencias surgen los ritos, que se convierten en tradiciones que pasan de generación en generación.

Para los antiguos mexicanos, muchos años antes de la conquista, existían mitos que se convirtieron en ritos en torno a la muerte. Se creía que el que fallecía viajaba al Mictlán o *Lugar de los Muertos* donde viviría eternamente. El miedo a perecer no sólo no era común, sino que se creía que era una virtud; las personas que fallecían se transformaban automáticamente en dioses y el fenecer representaba vivir eternamente; aunque no por este hecho todos pensaban en dejar de existir.

Grupos de guerreros, por ejemplo, consideraban morir en batalla como parte de un sacrificio a los dioses, siendo esta acción privilegio y cualidad de unos cuantos, lo cual podría significar también, alguna forma de manejo ideológico y ejercicios de poder dentro de un grupo social.

## Mictlán

Mictlán, significaba para los antiguos mexicanos "En la región de los muertos". Este sitio mitológico del más allá, consistía de nueve planos extendidos bajo la tierra y orientados hacia el norte; allá iban todos los que fallecían de muerte natural; quién moría tenía que cumplir toda una serie de pruebas en compañía de un perro que era incinerado junto con el cadáver de su amo. Entre otras, las pruebas consistían en pasar por entre dos montes que chocaban uno con otro, atravesar un camino donde estaba una culebra, dejar atrás ocho páramos (lugares fríos y solitarios) y ocho collados (colinas o cerros) y desafiar un "fuerte" viento. Transcurridos cuatro años de éstos "caminos", la "vida" errante de los difuntos había terminado y podía atravesar un ancho y caudalosos río montado en su perro. Este animal que acompañaba al difunto tenía que ser bermejo (de color rojizo o paja), y una vez terminado el viaje, el muerto podía presentarse ante Mictlantecutli (Señor de la muerte) y Mictecacihuatl (Señora de la muerte). Estos dioses del Mictlán comparten la función de regir y administrar a los que han muerto.

En este lugar de la muerte, según la mitología, no existían puertas y ventanas. El México antiguo no temblaba ante Mictlantecutli; lo hacía ante esa incertidumbre que es la vida del hombre, llamado Tezcatlipoca. (Son varios los significados de esta palabra, las dos más aceptadas son: *Los brujos* y *Dios de la noche*. Este dios representa básicamente la maldad y por tanto, una de las deidades más temidas).

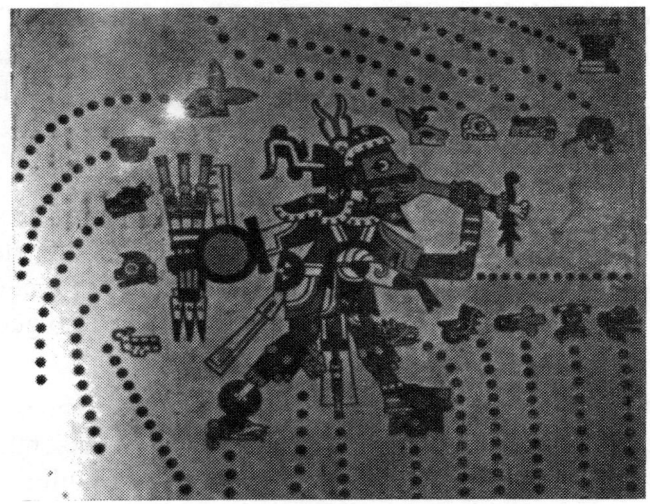

*Tezcatlipoca.*

Hoy en día podemos conocer la manifestación del culto a la muerte en las civilizaciones prehispánicas (como Miccahuitl) por medio de esculturas, pinturas, códices y leyendas, de los cuales se deduce que dicho culto, más que un ciclo, era concebido como un proceso ritual basado en mitos dualistas como la lucha entre Tezcatlipoca y Quetzalcóatl, el día y la noche, el frío y el calor; aquí cabe mencionar esta leyenda: Fray Bernardino de Sahagún *(La Historia General de la Nueva España)*, describe a Tezcatlipoca como el dios de la fatalidad considerándolo una de las deidades más extrañas y enigmáticas que, como ninguna otra de las creaciones míticas de los mexicanos, parece sentir y pensar, convirtiéndose en un malvado profesional al participar en actos negativos como discordias, enemistades, condicionando guerras y fatalidades. Es un dios representado por un jaguar, que como fiera y para poder asaltar al hombre de noche, devora al sol, es el que priva al mundo de luz y calor, es el que lo sabe todo. Es también Yoalli Ehecatl (Viento Helado) "Sombra Gris". Su nombre significa "Espejo que humea", ya que donde debería estar el pie que le falta, lleva aquel funesto espejo con el que ve todo lo que sucede en la Tierra.

En la antigüedad se le temía más a Tezcatlipoca como dios de la fatalidad y la maldad que a la propia muerte. Dentro de las creencias del México antiguo en torno a la vida eterna y la estratificación después de morir, puedo decir que de todas las culturas, la mexica, por su origen de pueblo guerrero; estaba ligada íntimamente al acto de morir.

Los aztecas o mexicas consideraban que el universo estaba integrado por dos planos, uno vertical y otro horizontal, en el punto donde se cruzaban estaba el centro u "ombligo" del mundo, y es ahí donde se encuentra localizado el Templo Mayor de los aztecas (en el Zócalo de la ciudad de México). Por eso este lugar se considera sagrado; el mexica es el pueblo elegido, es el centro del universo; consideraban arriba como el nivel celeste y abajo el inframundo. En el primero hay trece cielos, empezando en donde están la luna y las nubes; en el segundo las estrellas, el tercero es el camino que sigue el sol diariamente; en el cuarto está Venus; por el quinto pasan los cometas; los siguientes tres se representan con colores; en el octavo se forman las tempestades; a partir del noveno se encuentran los dioses.

El nivel inferior o inframundo, tiene nueve pasos antes de llegar al Mictlán (Mundo de los Muertos). Dentro de las costumbres funerarias de los aztecas, al morir una persona se le doblaban las piernas en actitud de estar sentado, amarraban sus brazos y piernas firmemente al cuerpo para depositarlos después en un lienzo acabado de tejer; al cadáver le colocaban una piedra verde en la boca que simbolizaba el corazón del difunto, mismo que tendría que ser entregado a los dioses durante su camino al Mictlán. A continuación cosían el lienzo con el cadáver dentro y ataban a él un petate. Consideraban que después de transcurrir cuatro años de fallecer, el muerto llegaba su destino final, ocupando su lugar en el noveno inframundo donde reposaría eternamente.

En una plaza conocida como Tzompantli, se preparaba una pira funeraria y colocaban el cadáver encima rodeado de objetos personales que el difunto poseyera en vida. En los Tzompantlis también se colocaban pilas de cráneos ya desencarnados. Este lugar estaba consagrado única y exclusivamente a los muertos. Hoy en día, en varias zonas arqueológicas de México como Tula, Teotihuacan o Templo Mayor (Zócalo D.F.) se pueden apreciar los Tzompantlis decorados generalmente con cráneos de piedra en sus paredes laterales.

Por otra parte, en el calendario mexica existían dos meses dedicados a las conmemoraciones y festejos a los muertos, el primero de ellos era el noveno mes o fiesta para los "muertitos"; el segundo era celebrado el décimo mes y se dedicaba a los muertos adultos dentro de una gran fiesta, en

*Tzompantlis.*

esta fecha se sacrificaban un gran número de personas, dando a esta singular celebración un 'toque' de gran relevancia y significación.

La concepción que tenían los antiguos mexicanos de la muerte era diversa; ellos pensaban que al morir existía una metamorfosis o transformación, primero se convertían en sol, después en ave (generalmente en colibrí) y posteriormente llegaban al paraíso de Tláloc o Tlalocan. Esto dependía del género de muerte en que se abandonara la vida; los que morían sacrificados o en combate se convertían en compañeros del Sol, al igual que las mujeres que morían durante el parto, y los que morían ahogados o de enfermedades hídricas (ocasionadas por el agua) iban a Tlalocan (lugar de Tláloc, dios del agua).

Cabe mencionar que en la época prehispánica no se tenían los conceptos de cielo e infierno; en otras culturas como la de los mayas del sureste de México, los señores escogían plataformas de sus templos para el reposo eterno, estas circundaban las tumbas de los gobernantes como muestra de honor y respeto. El cadáver se colocaba sentado en un ataúd de madera acompañado de ofrendas de cerámica y otros utensilios y bienes.

Como parte de esta ceremonia luctuosa, se sacrificaban de uno a tres individuos, generalmente niños y adolescentes que acompañarían en su "viaje" al muerto. El difunto principal era rodeado por hermosos vasos funerarios, metales, bebidas y alimentos, así como los enseres para su preparación. El cadáver se adornaba con perlas, jade, garras de jaguar, incensarios de barro, algunos con adornos alusivos a la muerte, así como tejidos finamente trabajados.

En la civilización del Petén, conocida también como cultura Tzakol, colocaban las tumbas junto a los templos y los palacios, formando enormes centros ceremoniales entre estelas y altares esculpidos. Destaca la "Tumba Pintada", en ella hay tres entierros, dos de ellos de adolescentes sacrificados para acompañar al personaje principal, un hombre sin cabeza ni brazos quien guarda, además de sus riquezas, un metate, una mano de metate y varias vasijas con alimentos, (una de ellas contenía una pequeña ave), esto reitera la creencia de que el alma debe ser alimentada en la otra vida.

Los conceptos en torno a la muerte varían según la región, por ejemplo: Chichen-Itzá fue conquistada por los toltecas, ellos dieron origen a los ritos de sacrificio humanos. En casi toda la zona del sureste de México aparecen figuras de Chac-Mool, que reclinadas recibían en su vientre los corazones de algunos sacrificados; en el Chichen-Itzá tolteca está el juego de pelota más grande de Mesoamérica, ahí podemos apreciar una plataforma grabada con cráneos humanos clavados en estacas por lo que algunos historiadores suponen que los perdedores del juego eran sacrificados, sin embargo otros opinan lo contrario.

En este mismo lugar se encuentra un cenote sagrado; allí, otra creencia en torno a la muerte, según los mayas: *Los hombres que eran lanzados al cenote en sacrificio morían, por más que no los volvieran a ver.* Según algunos investigadores las víctimas de estos sacrificios no eran hombres sino las esposas de los gobernantes o hermosas jóvenes vírgenes entregadas a Chac-Mool, Dios de la Lluvia de los mayas. A diferencia de los mexicas, los mayas temían a la muerte sobre todo porque creían que ningún muerto iba directamente a ningún paraíso, ya que existían muchos dioses según la diversidad de seres vivientes y cuatro más correspondientes a cada punto cardinal; esto debido a que varias deidades tenían su contraparte del sexo opuesto y porque todo lo astronómico vivía su transición de ultratumba. Por ejemplo, ya que moría, pasaba debajo de la tierra y luego aparecía en los cielos. También los infiernos tenían sus dioses, empezando por el de la Muerte, el Dios L, Gran Fumador y el Dios N, uno de los que sostenían la Tierra. finalmente, hay dos héroes gemelos, vencedores de los señores del averno, según el poema épico del Popol Vuh (conocido también como *El Libro de las Tradiciones*, perteneciente a la historia, literatura y religión del pueblo maya-quiché, escrito en 1557).

La representación de la dualidad Vida-Muerte se hace presente a finales del periodo clásico en Oaxaca (del 300 al 900 d. C.), donde se muestra con gran diversidad la representación de la muerte. Varios materiales han sido encontrados en la elaboración de esculturas mortuorias, de entre ellas destacan: cristal de roca, arcilla y oro. En las joyas encontradas en la tumba 7 de Monte Albán llama la atención un pectoral de oro con la representación de un personaje que porta una máscara desencarnada. Del material cerámico sobresale una vasija cuya decoración es un esqueleto, y en la mayoría de los códices encontramos dioses asociados a la muerte. Podemos decir entonces que la muerte ha sido siempre algo sagrado, y el mexicano, desde sus orígenes, tiene un idea muy particular en torno a la muerte, como por ejemplo: en la época prehispánica, el sentimiento de culpa que tenía como castigo la muerte, no estaba arraigado en el pensamiento de los antiguos mexicanos. La resurrección era algo cotidiano entre la ideología de las culturas precolombinas, el respeto a sus dioses y a la naturaleza predominaba dentro de un todo cosmogónico, para ellos, la muerte era parte de la vida.

# Rituales en torno a la muerte

*José Arturo Delgado Solís*

C on la llegada de los españoles a nuestro país, en el siglo XVI, se hace manifiesto el terror a la muerte dentro de un proceso de transculturación impuesto por los conquistadores. El sentimiento de culpa se puso de manifiesto entre los antiguos mexicanos en pro de los procesos religiosos a los que serían sometidos; según fray Bartolomé en sus descripciones de viajes por las Indias, los españoles cometieron atrocidades y masacres contra los indígenas de esa época y grandes etnocidios en países del Caribe antes de llegar a México.

Los antiguos pobladores de nuestro país no conocían el término "infierno", pero los misioneros españoles astutamente, y con base en las costumbres politeístas de los mexicanos, transculturaron las creencias religiosas hasta imponer el catolicismo a los pobladores de esta nación, prueba de ello se puede apreciar hoy en día en algunas iglesias que fueron construidas en la parte alta de algunas pirámides, (existe en el pueblo de Amatlán, en el Estado de Morelos, una iglesia en cuya entrada principal se pueden apreciar dos columnas de serpientes emplumadas) tal vez, como símbolo de rechazo a la conquista; es precisamente en Amatlán donde se cree que nació Quetzalcóatl y este sentimiento se comparte por los visitantes a esa población, ya que en la entrada hay un letrero que dice: *Aquí nació Quetzalcóatl con sus sandalias de oro.*

Como una forma de favorecer el cristianismo, los cráneos que adornaban el Tzompántli en México Tenochtitlan o los altares de Tlatelolco, desaparecieron para más tarde reaparecer al pie de los altares y cruces atriales; el Mictlán prácticamente había desaparecido para convertirse ahora en "Campo Santo", generalmente instalados junto a los templos. La mano de obra que en años construyó pirámides, era la misma que sacrificaba su fuerza a la construcción de iglesias durante la época colonial y en donde la muerte es representada por un esqueleto en diferentes posturas, portando en la diestra una guadaña. Una obra pictórica destacada de este tiempo es la llamada "El Triunfo de la Muerte", el personaje principal es la propia muerte y tiene en la mano izquierda una vela a punto de extinguirse. El significado simbólico es variado, la podemos apreciar hoy en día en el Museo del Virreinato en Tepotzotlán, Estado de México; este significado de la muerte se fue acrecentando en miedo y respeto hacia ella. En el siglo XVIII dejó de ser algo terrorífico y su imagen fue representada como personaje amable (como figura de ballet) y estaba cada día más ligada a la vida cotidiana de los humanos, fue la época de las piras funerarias, arte popular de aquel tiempo.

A finales del siglo XIX y principios del XX en la imprenta de los Vanegas Arroyo en la ciudad de Aguascalientes, José Guadalupe Posada, maestro del grabado, revivió y animó el culto a la muerte, dándole un sentido humorístico; al igual que el maestro Posada, Manuel Manilla imprime ese sentido gracioso a sus grabados, muchos de ellos publicados con

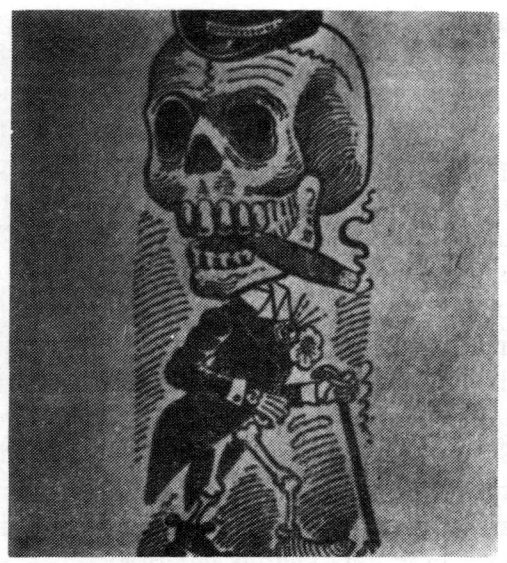

*Calavera. Autor, José Guadalupe Posada*

sentido político humorístico en diarios de aquella época como *El Ahuizote* o *El Hijo del Ahuizote*.

Estos grabados han dejado imágenes que se han convertido en clásicas dentro del mundo del arte. Es también en la época cuando surgen en diversas revistas, cuartetas en forma de versos conocidas como "calaveras", que ridiculizaban a personajes famosos o del gobierno por alguna participación en la vida social y para muestra, amigo lector, este ejemplo de una "calavera" dedicada al general Porfirio Díaz:

> *Es calavera el inglés, calavera el italiano;*
> *lo mismo Maximiliano; y el pontífice romano*
> *y todos los cardenales, reyes, duques,*
> *concejales y jefe de la nación*
> *en la tumba son iguales a calaveras del montón...*

En el presente siglo, a pesar de los avances tecnológicos de computadoras, viajes espaciales y satélites artificiales, los mexicanos seguimos ofreciendo ofrendas a la muerte y a los muertos, a pesar de la angustia ante la inminente muerte que nos acompaña, pero nosotros, a diferencia de otros pueblos, la transformamos en algo familiar y coloquial, ponemos nombres a las calles como "Callejón del muerto", "Calzada del Hueso" o "Barranca del Muerto", se juega y se reta a la muerte, con frases como: *A mí la muerte me pela los dientes*; se componen corridos y canciones que describen parte de la vida cotidiana del mexicano en el momento de un velorio; como con "Cerró sus ojitos Cleto" del cronista urbano de la canción Salvador *Chava* Flores, pero a pesar del juego y burla aparentes, se le tiene un gran respeto que se manifiesta en diversas formas, una de ellas, y quizá la más importante, con la celebración del "Día de Muertos".

Los días uno y dos de noviembre, la gran mayoría de los habitantes del país, tiene la obligación moral de hacer una ofrenda a los muertos, ya sea en casa o en panteones. Estos días se aprovechan para pasarla bien con los espíritus de los muertos, compartir con ellos los alimentos que más gustaban en vida, adornar las tumbas, quemar copal y, por qué no, echarse alguna que otra copita y brindar por ellos. Desde los últimos días de octubre, en algunas poblaciones se llevan a cabo preparativos para celebrar, "como Dios manda" a quienes se adelantaron en el camino. Alfareros de Chililco en el Estado de Hidalgo, los de Amozoc en Puebla, Atzompa en Oaxaca, Santa Fe de la Laguna en Michoacán, manufacturan la famosa cerámica ornamental entre las que destacan candeleros, incensarios, calaveras, ollas y recipientes pequeños que han de ser utilizados en las ofrendas.

Los panaderos de diferentes regiones de México, trabajan más tiempo preparando pan con figuras antropomorfas pintadas con azúcar de color rosa o azul, así elaboran las "Roscas de la Vida", "Pan Cruzado", "Huesos de Manteca" y en zonas urbanas se fabrica el ya tradicional "Pan de Muerto". Por cierto, confieso que de niño "tardé un poco" en saborear este pan, ya que en verdad creía que sus ingredientes estaban constituidos de un muerto "de a de veras" y ahí no paró la fobia, cuando me ofrecieron "Niño Envuelto", la sorpresa fue mayor... en fin, esto suele suceder. Lo que si es algo lamentable en nuestros días y que está en peligro de extinción, son las "pintas" que se hacen en los ventanales de las panaderías, en los cuales reflejan escenas de la vida cotidiana en México, pero la transculturación ha incluido a personajes extranjeros como Supermán en actitudes graciosas; todos ellos en los "puros huesos", tal vez porque calaveras de distintos tipos eran los protagonistas de esta añeja tradición.

Por su parte, los niños y algunos ya no tanto, aprovechan los días 1 y 2 de noviembre para salir a recorrer la mayor cantidad de calles posibles para solicitar a los adultos golosinas o dinero, diciéndoles: *¿Me da para mi calavera?*, que es una réplica de la costumbre estadunidense de solicitar dulce o broma, que se lleva a cabo el 31 de octubre de cada año, para celebrar "el día de brujas" (éstas también, muy ligadas a la muerte).

Aunado a lo anterior, México es uno de los países donde se practica el "canibalismo simbólico" ya que comemos calaveritas de azúcar con nuestro nombre pintado en la frente, como retando a la muerte en un sentido similar al concepto shakespeareano de "Ser o no ser"; además, este acto lo vemos cotidianamente en las celebraciones religiosas donde "comemos la carne de Cristo y bebemos de su sangre". También la industria de ceras y parafinas se prepara para este tipo de celebraciones con cirios y veladoras; los comerciantes hacen su "agosto" en pleno noviembre, y los personajes de papel, utilería y artesanías en miniatura forman parte de la tradición popular para integrar las ofrendas y altares.

A pesar de todo este júbilo, la muerte en México es la de siempre, aquella que mata y acecha a la persona que está llegando a su destino final. A raíz de la participación de los medios de comunicación y la proliferación de centros comerciales dentro de la vida social del mexicano, esta se ha transculturado de alguna u otra forma. Por un lado, nos apresuramos a transformarnos en brujas, diablos o vampiros para salir "disparados" a festejar la noche de brujas o "jalouin" en la casa o departamento de un amigo, y por otro, tratamos de mantener nuestra identidad nacional viviendo nuestras tradiciones, colocando ofrendas y altares a nuestros muertos y protocolizar este proceso después de darnos "golpes de pecho nacionalistas". Es ahí donde nuestra esquizofrenia cultural y nuestro malinchismo se hacen evidentes; para muchos, este rito es hoy un "mitote" compartido entre miembros de una comunidad cuestionándose lo incuestionable.

Esto es el principio de cambio de actitud de algunos mexicanos ante la muerte cuando siente que llega al final de la vida. Desafortunadamente, muestra en la práctica mayor afinidad con "La madre patria" y sus ánimas del medioevo que con la "Catrina", sagaz, inclemente y pispireta muerte indoamericana.

Sin embargo, y a pesar de las circunstancias actuales, el carácter del mexicano nos lleva a enfrentarnos a la muerte con reto, audacia y humor, eso si, siempre pintando nuestra raya, ("hágase la voluntad de Dios en el buey de mi compadre"), porque eso sí, de que da miedo, da miedo ¡y mucho!

En otras ocasiones nos referimos a la muerte como lo marca nuestra sociedad y decimos: "Se lo cargó la huesuda", "estiró la pata", "colgó los tenis", "ya se piró", "falleció", "dejó de existir", "se lo llevó la flaca" y en el mejor de los casos "pasó a mejor vida". Sin embargo, los que vemos la muerte desde la barrera, creemos que a nosotros no nos va a llegar, por lo menos por ahora; es decir, nos consideramos a nosotros mismos como seres infinitos y es sólo en momentos específicos cuando verdaderamente creemos que vamos a morir. Recordemos esa estampa pintada con una calavera que dice: "Como te ves me vi, como me ves te verás, los

*Cruz Atrial.*

mexicanos nos reímos de la muerte, tratamos de olvidarnos de ella, somos esqueletos forrados, pero tarde o temprano, vamos a ser así".

En nuestro país se le tiene culto a la muerte como una deidad colectiva, entendida como una elaboración simbólica ligada a la religión, a la concepción del mundo y a su dinámica. Tal vez en el pensamiento de muchos mexicanos gira la hipótesis de que si se está bien con la muerte, más tardará en llegar; en cambio, el culto a los muertos, tomándolos como un ente individual, nos ayuda a conservar nuestra cohesión familiar, grupal, tribal o étnica. Sin embargo, en el México actual, coinciden los cultos a los muertos y a la muerte los primeros días de noviembre, pensando en gran medida que los indígenas y el mexicano en general siguen venerando a la muerte. Esta es una serie de conceptos intelectuales que no rebasan el año 1920, aunque es atrevido decirlo. Sin embargo, recordemos que entre los antiguos grupos étnicos existían fechas en las que se celebraba a los muertos que, al igual que ahora, había una división en los días dedicados a los niños y a los adultos fallecidos.

Pero esto no quiere decir que cuando se veneraba a los muertos se hacía a la muerte, pues más bien se rendía culto a los antepasados, a la propia sangre, al linaje, al mecate o lazo que es un punto de arranque del propio origen, del propio ombligo; al morir estos antepasados pertenecen a la tierra, están en el mundo de la oscuridad, pero se puede entrar en contacto con ellos al venerarlos esos días, que no es lo mismo que venerar a la muerte. De hecho, el culto prehispánico de los antepasados se hace coincidir con el católico de los angelitos difuntos, con propósitos de evangelización, implantándose las fechas del calendario cristiano. Así, el culto a la muerte se fue minimizando a sólo algunos sitios ligados a los ámbitos de hechicería y brujería, haciendo esta práctica en lugares y barrios apartados de la sociedad, pues el culto a la muerte, sobre todo durante la colonia, estaba prohibido.

A pesar de todo, actualmente ese culto a la muerte en México se ha aceptado como un sincretismo (sistema filosófico que trata de conciliar doctrinas diferentes) cosmogónico indígena, uniéndole factores del catolicismo, dándole al hombre la esperanza de prolongar su existencia en la llamada "otra vida" o "vida eterna", y para esto, baste un ejemplo generalizado: en los velorios de la gente de clase media y baja en México, cuando el difunto es velado en su casa, y en algunos casos en velatorios, abajo del ataúd se coloca un plato con cebolla en rodajas bañada en vinagre; esto, según la creencia popular, sirve para que la cebolla, por ser tan fuerte, recoja las enfermedades que puedan estar alrededor del fallecido y no se les transmita a los deudos; esto evita también que la gente que acuda al velorio no contraiga el cáncer en ninguna de sus variantes. También se coloca una cruz hecha con cal, la cual sirve para que, entre ella y la cebolla, protejan el alma del difunto de la influencia de los malos espíritus y a que corrompan "artificialmente" el cuerpo del muerto. Durante el velatorio no se debe comer carne, esto no se sabe a bien por qué, pero mucha gente hace vigilia en esos momentos para evitarse otro tipo de males. La cebolla en plato y la cruz de cal permanecen en el lugar del velorio los nueve días de rezos y hasta cuando se levanta la cruz. Otra protección para el alma del difunto es la de hacer un rosario con flores o velas alrededor de donde estuvo el ataúd, también hasta que pasen los rezos del novenario.

Es importante remarcar que el mexicano no provoca a la muerte, pues no quiere morirse; quizá por nuestro origen prehispánico la aceptamos como un fenómeno ineludible, que es una consecuencia implícita de la vida y por ello procura congraciarse con ella, ser su amigo y tomarla con la naturalidad que este fenómeno conlleva.

## La Santísima Muerte

La imagen del esqueleto con la guadaña y un reloj de arena simbolizan lo pasajero; son un reflejo ideológico de importación nacido en la Europa de la Edad Media. Los atributos mágico-religiosos que se han atribuido a la muerte tienen origen pagano, relacionado directamente con la llegada de los españoles a América, sin embargo, en Cuba, el culto a la santísima muerte tiene una relación directa a la tradición africana Yoruba y a la religión católica, donde surge un sincretismo con la santería tradicional que se practica desde la época en que los esclavos negros fueron traídos y sometidos en América.

En México, se adopta el culto a la santísima muerte atribuyéndole cualidades mágicas, como la de conceder "milagros"; por ejemplo: en algunas corporaciones policiacas mexicanas, la adoración a la muerte tiene muchos adeptos, por la creencia de que ésta siempre acecha a los guardianes del orden, que viven los peligros y el riesgo de morir en el cumplimiento de su deber. En otras oficinas policiacas están instalados pequeños altares dedicados a la Santísima Muerte, donde los policías rezan y "acuerdan" simbólicamente con ella algunas "mandas" en caso de seguir con vida después de algún operativo policíaco; una de esas oraciones dice así: *Muerte querida de mi corazón no me desampares de tu protección y no dejes a...* (se menciona a la persona) *un sólo momento tranquilo, moléstalo a cada instante y no dejes de inquietarlo para que piense en mí...*

Pero no sólo los policías invocan a la Santísima Muerte, también los delincuentes por encontrarse a la par con ella durante la ejecución de actos criminales; ellos creen fervientemente que portando o conservando fetiches alusivos a la muerte podrán robar o cometer algún ilícito, evadiendo la acción policiaca o siendo liberados rápidamente; un ejemplo de esto lo observamos con Daniel Arizmendi, el "mocha orejas," quien es un ferviente adorador de La Santísima Muerte desde que inició su "carrera" delictiva en robos y secuestros, tal vez, Arizmendi le reza una oración como ésta: *Muerte Santísima: Los favores que me tienes que conceder. Harás que venza todas las dificultades y que para mí no haya nada imposible, ni obstáculos infranqueables, ni tenga enemigos, ni que nadie quiera hacerme daño, que todos sean mis amigos y que yo salga vencedor en todas las empresas o cosas que haga. Mi casa se llenará de bienes con las virtudes de tu protección.*

Este sincretismo religioso-policiaco-delictivo que se maneja en México en torno a la muerte, hace pensar en ella a los que viven despreocupadamente apegados a los placeres terrenales, sin creer que la muerte repentina pueda sacarlos inesperadamente de su espléndida existencia. Es por éste hecho que: muchas personas, de diferentes niveles sociales, rinden culto a la Santisima Muerte por ese temor al fallecimiento repentino.

Pero la Santísima Muerte no es tan mala como parece, ya que a muchos sirve de consuelo, alivio y en ocasiones, es aliada en asuntos del corazón. Por eso, para males de amores algunas personas la invocan así: *Muerte santa, mi gran tesoro, no te apartes en ninguna ocasión: Pan comiste y de él me diste, y como eres la poderosa dueña de la oscura mansión de la vida y la emperatriz de las tinieblas, quiero que me hagas el favor de que* (se dice el nombre de la persona)... *se presente a mis pies humillado y arrepentido y que nunca más vuelva a irse de mi lado, mientras yo lo necesite y haz que me cumpla lo que me ha prometido.* Cabe mencionar que las oraciones mencionadas anteriormente deben ir acompañadas posteriormente del rezo de tres "Padre Nuestro".

Dentro del terreno mágico esotérico, la muerte como tal, sirve de remedio casi para todo; para atraer dinero y fortuna, para la salud, para futuras "conquistas amorosas", en fin, para aquello que se quiera resolver con ayuda de la Santísima Muerte.

# Día de Muertos, una tradición muy mexicana

*José Arturo Delgado Solís*

**D**entro de las celebraciones más importantes en nuestro país, destacan las dedicadas a los muertos, las cuales son: De Todos los Santos y los Fieles Difuntos, como resultado de la unión de dos tradiciones culturales, la indígena y la española. En la mayor parte del país estos festejos coinciden con el fin del ciclo agrícola de varios productos como el maíz o la calabaza, y se puede decir que es una época de abundancia en relación a las creencias de muchos agricultores.

La tradición prehispánica nos señala que en el ritual indígena Náhuatl existían dos festejos dedicadas al culto a los muertos: la fiesta de los muertecitos (Miccailhuitontli) que se conmemoraba en el noveno mes del calendario náhuatl y era equivalente a agosto del año cristiano, y la fiesta de los muertos mayores, que se celebraba en el décimo mes.

*Ofrenda altar.*

## Dos tipos de ofrenda

En la época prehispánica, el altar a la muerte tenía el nombre de Tzompantli, ese día estaba dedicado a la diosa Coatlicue (Madre de los dioses), la que todo lo hace y deshace. En ese tiempo se colocaba un altar en forma de pirámide el cual era cubierto con papel teñido de diferentes colores, en el primer nivel colocaban la imagen de ella y en el segundo nivel comida, flores y se quemaba copal en pequeñas vasijas de barro, en el tercer nivel se colocaban flores y follaje. Con la llegada de los españoles y el cristianismo, estas costumbres funerarias sufren modificaciones definiendo al individuo como un ser integral en cuerpo y alma, por lo que los altares también cambian con esta nueva concepción religiosa; con ella encontramos imágenes de santos, Cristo, cruces, velas, objetos y alimentos que no existían en América, por lo que los actuales altares son una combinación de esa mezcla cultural. En algunos altares de tres niveles el concepto original cambia al simbolismo del padre, hijo y espíritu santo; en ellos encontramos fotografías del difunto, objetos personales del mismo, así como alimentos y bebidas que disfrutaba en vida.

Las velas colocadas en la ofrenda significan los siete pecados capitales y las veladoras sirven para guiar al difunto a su destino; la flor de cempazúchitl de vivos tonos de color amarillo, es la tradicional flor de muertos y denota la fuerza de la luz del sol, sirviendo de guía a los espíritus de los difuntos que vienen de "visita" los dos primeros días de noviembre. Por su parte, las naranjas y algunas otras frutas de la estación significan la libertad que la muerte da, el color morado se usa en señal de duelo, el camino de flores y follajes es para que el alma del difunto pase por ahí; las velas y veladoras alumbrarán el camino y el copal purificará el ambiente y alejará a los malos espíritus. El día uno de noviembre se llama también "Día de los Angelitos", (De Todos los Santos) y según la creencia religiosa, ese día regresan las almas de los niños muertos a las que fueron sus casas. El día dos llegan las de los difuntos adultos y el día tres, los familiares se comen los alimentos de la ofrenda, rezan y quitan el altar.

Actualmente existen en México diversos tipos de ofrenda a altares para los muertos. A continuación se describen algunos elementos que es normal se incluyen en una ofrenda:

- ❖ Papel de china picado de color morado. (Luto cristiano)
- ❖ Papel picado de color naranja. (Luto azteca)
- ❖ Flores de cempazúchitl. (Del náhuatl: Flor de veinte pétalos)
- ❖ Cuatro velas indicando los puntos cardinales
- ❖ Incienso o copal para alejar a los malos espíritus
- ❖ Cruz de ceniza para purificar al espíritu del muerto
- ❖ Jarra o vasos con agua para saciar la sed de la fatiga del camino
- ❖ Fotografías de los difuntos
- ❖ Comida que le gustaba al fallecido
- ❖ Pertenencias apreciadas por muerto
- ❖ Tequila, agua o la bebida favorita del muerto
- ❖ Cuatro banderas de papel picado ensartadas en naranjas
- ❖ Pan de muerto y fruta
- ❖ Calaveritas de azúcar, chocolate o dulces regionales.

## Museos en el Distrito Federal

No existe una norma específica para la colocación de ofrendas de muertos, ya que estas obedecen a la identidad y riqueza cultural de cada región del país. De las ofrendas más conocidas y tradicionales se encuentra la ofrecida por la artista Dolores Olmedo a los pintores Diego Rivera y a su esposa Frida Kalho, la cual es montada en el museo Anahuacalli al sur de la ciudad de México. También el museo de Culturas Populares, en Coyoacán, Distrito Federal, ofrece al visitante altares de muertos de diversos estados del país; afortunadamente, la riqueza cultural de México es tan grande, que se puede disfrutar de las festividades a los muertos prácticamente en todo el territorio nacional.

# Isla de Janitzio

Otro sitio totalmente representativo de esta tradición es el que se lleva a cabo en la isla de Janitzio, en el estado de Michoacán. En el cementerio se lleva a cabo la ceremonia de la ofrenda a los difuntos, ahí, la tradición y el festejo del "Día de muertos" es de las de más arraigo. A las seis de la tarde del día uno de noviembre, empieza a escucharse el repicar de la campana con intervalos de un minuto hasta casi el ama necer.

Poco antes de la media noche, las familias de la isla salen de sus casas en procesión rumbo al panteón, además de la gente de la cercana ciudad de Pátzcuaro, quienes también se dirigen a la isla por el lago del mismo nombre, hacia el cementerio de Janitzio. Las redes de pesca de las canoas que surcan las aguas del lago, semejan hermosas mariposas con las alas abiertas. Las velas de las procesiones y las antorchas en las canoas, crean una atmósfera muy especial; en el cementerio, las tumbas son adornadas con arreglos de flor de cempazúchitl, los habitantes del lugar colocan sobre las tumbas 'teas' (charolas de madera) llenas de fruta y a su alrededor encienden muchas velas o veladoras entre cánticos y alabanzas, las mujeres riegan pétalos de flor en las tumbas y el ambiente es invadido por el olor a copal. Esta tradición tiene algunos conceptos prehispánicos, ya que el cementerio es el Mictlán o camino final al que llegan las almas después de cuatro años de "viaje".

Al día siguiente de la celebración, en el panteón de Janitzio se lleva a cabo una celebración en la parroquia con familias que no tienen muertos o cuyos deudos tienen más de cuatro años de enterrados, por ese motivo, consideran que cuando el difunto llega al final de su viaje, ya no necesita que lo velen en el camposanto y solamente rezan por ellos en la iglesia.

## Mixquic

En otro lugar cercano a la ciudad de México, conocido como Mixquic, la celebración de día de muertos une a los pobladores de esa región. Días antes del festejo familias enteras preparan tamales, atole, chocolate, pan de muerto, mole, arroz, así como dulces tradicionales mismos que serán colocados en la ofrenda de la casa del finado. El uno de noviembre, cuando "llegan" de visita a este lugar los espíritus de los muertos, se encienden miles de cirios y veladoras. Según cuentan los habitantes de la zona, las ánimas llegan al pueblo formadas en grandes filas y al pasar por su casa se separan del grupo para entrar a "saludar" a sus deudos, por eso es común ver las puertas de las casas de San Andrés Mixquic abiertas desde las doce del día hasta entrada la noche. Es tradicional que los visitantes entren y salgan de las casas para conocer las ofrendas que han sido instaladas.

Durante la mañana del día dos de noviembre, hombres y mujeres de diferentes edades llegan al atrio de la iglesia de San Andrés con cubetas, escobas y gran cantidad de flores, para limpiar las tumbas de sus familiares y al terminar, recibir la bendición del párroco. A las cuatro de la tarde suenan las campanas y los pobladores se dirigen al panteón entonando cánticos y rezos, al llegar a las tumbas de sus seres queridos, comparten con ellos, simbólicamente, alimentos y bebidas, encienden cirios y los acompañan durante la noche.

## Xochimilco

La celebración del día de muertos en Xochimilco, también al sur del Distrito Federal, empieza el 31 de octubre con la "Plaza de Difuntos", el día en que el mercado municipal se llena de vendedores de flores de "muerto", calaveritas de azúcar, pan de muerto, velas, copal, cirios y objetos diversos de barro como incensarios, jarros y cazuelas. A las ocho de la noche, las campanas de la iglesia empiezan a sonar anunciando la llegada de los espíritus de los niños, por lo que las ofrendas a los pequeños se ven repletas de dulces y algunos juguetes, además de frutas. Por la tarde del uno de noviembre, las mismas campanas suenan de nuevo para anunciar la llegada de los muertos adultos, por lo que los deudos bendicen los productos que serán colocados en la ofrenda, que consiste de: pan de muerto, tequila, pulque, mole, tamales, tlacoyos, tortillas. Aquí se acostumbra poner un ayate (especie de bolsa) junto a la ofrenda, para que el difunto pueda "cargar" lo que se le ha preparado; durante la noche, en algunos barrios salen grupos de personas a pedir ofrenda para las ánimas desamparadas que no tienen quién les coloque una ofrenda, ya que se cree que ese día salen del purgatorio buscando ofrendas. En el panteón se colocan velas, cirios y veladoras, este rito se conoce como "Alumbrada". Ya para el día tres se comparten las ofrendas entre vecinos que disfrutan de los alimentos y bebidas, es decir, *El muerto al pozo y el vivo al gozo.*

## San Lorenzo Tezonco

En San Lorenzo Tezonco, Distrito Federal, cuando una persona fallece, se vela al difunto generalmente en su casa, durante el día y entre rezo y rezo, se ofrecen a los dolientes atole y tamales. Continúan durante la tarde cuando se preparan grandes cantidades de arroz a la mexicana y mole poblano o rojo; los familiares y amigos "comparten" con la familia y el difunto estos platillos en largas mesas coloreadas por refrescos embotellados, durante el sepelio las personas caminan y acompañan a la procesión hasta el camposanto del pueblo, después se ofrece nuevamente una comida a quienes asistieron al sepelio y a los nueve días se prepara una tamalada en honor del difunto. Los días de muertos, se limpian y adornan las tumbas del panteón con flores multicolores.

## Estado de Morelos

En el estado de Morelos, se le tiene culto a los muertos durante todo el año, el día de un velorio se pone una ofrenda con flores, veladoras y algunos objetos del difunto, en los siguientes nueve días se da lugar al rezo de los rosarios y se reparten bebidas, mole verde y pan a los asistentes, quienes traen flores para el altar. En el noveno día, es cuando el ánima se retira del cadáver, se levanta la cruz donada por los padrinos y todas las flores obsequiadas durante los nueve días y se ponen en la tumba del difunto. Al cumplirse un año de fallecido se celebra el "Cabo del año", en el cual se repiten las ofrendas integradas con alimentos y bebidas que agradaban al difunto; al levantar la cruz y las ofrendas de nueve días hay una orquesta que toca toda la noche. El uno y dos de noviembre la ofrenda tiene un significado especial: compartir con los parientes y amigos del fallecido los goces de la vida.

Cerca de las ruinas de Xochicalco, en el mismo estado, se encuentra Cuatetelco, allí, los habitantes colocan las ofrendas el día de muertos en pequeñas plataformas de carrizo llamadas Huatapextle y estas son colgadas en los techos de sus casas. Ellos inician la ofrenda el 31 de octubre colocando pan de muerto y una jarra con agua, al mediodía del uno de noviembre colocan mole verde en doce platos, este platillo debe ser guisado con gallinas criadas en casa, ya que el difunto tiene que comer lo del lugar, tampoco puede ser de gallo, ya que este espanta a las ánimas; además, también en doce tazas, se colocan chocolate de cacao y galleta molida. La fruta en buena cantidad es indispensable así como las veladoras, huaraches, sombreros, rebozos, morrales, vestidos y machetes nuevos mismos que después usarán los familiares del fallecido.

# Oaxaca

En el estado de Oaxaca, es común la creencia de que el alma, para que pueda llegar a su destino final, tiene que ir por un camino lleno de peligros, debe atravesar un río ayudada por un perro y también debe pasar entre dos montañas en forma de horqueta que tienden a cerrarse. Para que el alma pueda descansar, es básico que los familiares de los difuntos coloquen en su sepulcro vestuario y alimentos que cumplan con este ritual, el pago de misas y el novenario de rosarios.

El día de Todos los Santos, las almas regresan para disfrutar del "aroma y vista" de los comestibles colocados en su altar, además, se tiene la creencia de que existen castigos divinos para quienes violen o supriman el ritual. Los espíritus tienen una vida comunitaria semejante a la de los vivos, por lo que las "visitas" son precedidas por las autoridades y deben ser invitadas por los gobernantes del pueblo, civiles o religiosos. En el cementerio, al terminar la celebración, los gobernantes vuelven allí para encaminar a las almas en su viaje de regreso al mundo de los muertos, en esa ocasión se organizan comparsas y enmascarados con el fin de ahuyentar algunas almas que se resistan a regresar al "más allá".

En el valle de Oaxaca, los festejos en torno a los muertos varían en su forma organizativa del ritual, en las creencias y en los usos de objetos suntuarios.

*Otro tipo de ofrenda.*

# Mayas

En el sureste del país, los pueblos mayas rinden culto a los difuntos desde el mismo día de su muerte, ya que el cadáver es velado por familiares y amigos para acompañar al alma antes de su viaje. Al momento de sepultarlo, colocan varios objetos que le serán de utilidad en su viaje final.

Los lacandones por ejemplo, colocaban tortillas y pozole en su sepulcro para alimentar al alma; un cabello por si aparece un piojo y un hueso para el perro que le acompañará en su "camino". En el estado de Quintana Roo se coloca ropa limpia al difunto, un rosario, una jícara y un peine, y si es mujer, aguja e hilo.

Los chontales creen que el alma vagará por la casa durante ocho días después del entierro, por lo que es necesario "levantar la sombra", para esto, hacen otra reunión como la del velorio, ofrecen café y tamales a los asistentes y llevan a cabo una procesión al panteón repletos con flores. En algunas otras regiones, los "Festejos a los muertos" son los días 31 de octubre y 1 y 2 de noviembre.

## Mazahuas

En la región Mazahua, en el Estado de México, la celebración del día de muertos es una de las tradiciones más arraigadas y que más gustan a los "turistas". En este ritual, el Jefe Venado[1] preside la gran ofrenda del recuerdo colectivo, alternan oraciones cristianas en español con mensajes mazahuas, el mismo líder dirige la recordación al leer en voz alta una enorme lista con nombres que lleva muchas horas, los asistentes esperan pacientemente y sin prisa, a que termine la lectura, todo ello con mucho respeto y una gran devoción.

En los ejemplos anteriores, podemos entender la certidumbre de que los muertos nos visitan cada año y que compartirán con sus familiares la fiesta que se prepara en su honor, este ritual extendido por toda la República Mexicana estrecha los lazos entre diversos grupos sociales, propiciando la identidad y el fomento de nuestras raíces culturales.

---

[1] En algunos grupos étnicos de México, las jerarquías dentro de la comunidad son relacionadas con nombres de animales, esto de acuerdo al origen cultural y a las creencias religiosas de cada pueblo. En el caso de Jefe Venado, se refiere al Patriarca o Guía espiritual de los Mazahuas.

# Miedo a la muerte

Marco Antonio Gómez Pérez

*¿Quién dijo miedo a la muerte?,*
*si para morir nacimos...*

Dicho popular mexicano.

Uno de los más grandes temores del ser humano es, sin duda alguna, la muerte, a lo que pasará cuando dejemos nuestro cuerpo físico, si realmente tenemos una alma o espíritu que trasciende a otros planos etéreos, si vamos al encuentro con Dios, (cualquiera que sea nuestro concepto de él), si tendremos un juicio por nuestras acciones, buenas o malas o, en su caso, si reencarnaremos, si nuestra alma no ha evolucionado la suficiente como para covertirse en un ser de luz y debemos continuar con la rueda de las mil y una reencarnaciones. Todas estas reflexiones alrededor de la muerte y esta incertidumbre es la que le da un tono especial a todos los conceptos culturales de ella, por tanto, este dilema es el que nos proporciona el sentimiento de miedo a la muerte, por esperada, en muchas ocasiones por injusta según algunos conceptos humanos, y por sobre todas las cosas, por democrática y definitiva.

En occidente, las religiones han incrementado el miedo a

la muerte, ya que en oriente se le ve con más naturalidad, no como un mal sino como sólo un paso a otras formas de vida, es decir, la muerte prolonga la vida, por paradójico que parezca este concepto. Pero, ¿por qué nos espanta tanto a los occidentales?, básicamente por terror a sufrir tormentos y castigos eternos de un infierno no totalmente definido pero si definitivo, a permanecer en un lugar de oscuridad total como es denominado el purgatorio, en el que ¿afortunadamente?, existe la lejanísima posibilidad de que, pasado muchísimo tiempo, seamos reivindicados y llegar al cielo o paraíso, allí donde podamos vivir junto a nuestro Dios en un lugar hermoso y en el que ya no hay por qué preocuparse.

Por otra parte, nos molesta demasiado que al morir nuestra individualidad desaparezca, que nuestro cuerpo, al dejar de vivir se descomponga y lo peor, que nuestra conciencia se pierda en el éter; todo esto nos produce angustia y como consecuencia, miedo. Este sentimiento también nos lleva a otro temor, el que los fantasmas de los fallecidos regresen a cumplir condenas o promesas no llevadas a cabo en vida; en fin, este pavor a perecer es tan grande en la mayoría de los seres humanos que produce alteraciones psicosomáticas como sudores, convulsiones y otras con graves consecuencias.

Pero esos no son todos los temores, si realmente existe alguno arraigado en los seres humanos es, ni más ni menos que, ¡ser enterrados vivos!, esta obsesión no ha disminuido a pesar de los grandes avances médicos y tecnológicos que hacen casi prácticamente imposible un diagnóstico erróneo de fallecimiento. Esto viene desde siempre, pero se acrecentó el horror a esta práctica cuando hubieron casos evidentes de enterramientos de cuerpos humanos con vida, mismos que se descubrieron en 1849 cuando el cólera arrasó enormes extensiones de tierra en la Europa de ese tiempo, se cuenta que: *En un pueblecito inglés de Gloucester se produjeron 119 muertes a causa de la epidemia, y un matrimonio de ancianos fueron los encargados de enterrarlos. Según contó la mujer a un abogado, tan pronto como un enfermo moría, era colocado en un féretro y enterrado al instante. "A veces –declaró– recuperaban luego la conciencia, y les oíamos patear los féretros. ¡Pero nunca les hicimos caso, porque sabíamos que tenían que morir¡»"*. (Año/Cero XI-93).

## ¡Pánico a ser enterrado vivo!

Casos patéticos como el descrito incrementan el miedo a morir, pero el problema no está en si se va a morir o no, de eso sí hay conciencia, el verdadero problema es ¡cómo vamos a morir! El caer en un estado cataléptico (catalepsia viene del griego *Katálepsis < Katalabáno,* que significa *sorprender.* Es la suspensión de la sensibilidad y de los movimientos voluntarios acompañado de una rigidez muscular que hace que los miembros se inmovilicen en cualquier postura que se les coloque) que engañe a familiares y médicos es una verdadera obsesión, tanto que, por ejemplo, el poeta y cuentista danés, Hans Christian Andersen (1805-1875), autor entre otras obras de *La Sirenita*, vivió aterrorizado por pavor a ser enterrado vivo, así que en cada ocasión que salía de su casa, llevaba en forma visible un escrito con precauciones e indicaciones a tomar por los doctores antes de atreverse a certificar su muerte, sin importar cuál fuera la causa de la misma.

En México, es famoso el caso del gran actor y compositor de Pénjamo, Guanajuato, Joaquín Pardavé (1900-1955) quien, algunos meses después de ser enterrado con todos los honores de sus admiradores y amigos, al abrir el ataúd, el cuerpo mostraba ciertos signos de una aparente lucha por salir de su fatal encierro hasta que (ya en 1999), sus familiares desmintieron que Don Joaquín Pardavé haya sido enterrado vivo, quedándose ellos tranquilos pero sin disminuir ni una fracción en mucha gente el temor a la sepultura en vida.

Esta terrible creencia de ser enterrados con vida está tan arraigada en los humanos del siglo XIX y casi la mitad del XX que realmente creaba, y aún lo hace, verdadero pánico, el tener la certeza de que alguien está muerto, certificarlo, enterrarlo y que horas después él o ella despierten llenos de terror al descubrir que están dentro de un ataúd y a tres metros bajo tierra. Debe ser una experiencia tan terrible que produce verdadero espanto a los humanos, inclusive, por tal motivo, se han incrementado las incineraciones de cadáveres, así, probablemente no exista tal posibilidad de error, pero, ¿ha llegado alguna persona a despertar cuando está dentro del horno crematorio sólo para sufrir una de las muertes más dolorosas que puedan haber?, ¿será el inicio de su penar por el infierno?, o ¿es una purificación que lo llevará directamente al cielo?, todo esto, por razones lógicas, es imposible de saber, por ahora.

## Más miedos

En otro orden de ideas en torno al miedo a la muerte, el pensamiento de David Hume, (1711-1776), filósofo, economista e historiador inglés, quien influyó en las ideas del también filósofo alemán Emmanuel Kant, (1724-1804) en el cual critica la posición eminentemente moralista del suicidio y de paso a la eutanasia, así se expresaba:

*Nuestro horror a la muerte es tan grande que cuando ésta se presenta bajo cualquier otra forma distinta de la que un hombre se había esforzado en reconciliar con su imaginación, adquiere nuevos aspectos aterradores y resulta abru-*

*madora para sus pocas fuerzas. Y cuando las amenazas de la superstición se añaden a esta natural timidez, no es extraño que consigan privar a los hombres de todo poder sobre sus vidas.*

Hume está en contra de un determinismo al decir que:

*Si el disponer de la vida humana fuera algo reservado exclusivamente al todopoderoso y fuese un infringimiento del derecho divino el que los hombres dispusieran de sus propias vidas, tan criminal sería el que un hombre actuara para conservar la vida, como el que decidiese destruirla.*

Algunos especialistas en el miedo a la muerte, como el mencionado Hume, creen que este sentimiento puede acelerar la llegada de ese instante fatal, utilizando nuestra mente y fe, somos capaces de producir un paro cardiaco y perturbar nuestras funciones vitales si nos dejamos llevar por el pánico, terror o un pesimismo profundo; una persona que se abandona a la depresión acelerará seguramente el momento de la muerte, en pocas palabras, el miedo a la muerte nos puede llevar a ella mucho más rápido de lo que nos llegaría en otras circunstancias.

Para millones de seres humanos que profesan diversas religiones cristianas, desde que nacen y son bautizados, están siendo informados de la muerte por crucifixión de Jesús después de sufrir terribles tormentos de sobra conocidos, el perdón que solicita a su padre para los humanos que no sabían lo que hacían al condenarlo a muerte y por qué, finalmente, encomienda su espíritu al mismo padre para poder resucitar tres días más tarde. Este pasaje final de la vida humana de Jesucristo, ha servido a millones de fieles para que sus penas y muerte nunca las consideren tan grandes y terribles como las sufridas por el hijo de Dios. Este es un consuelo tanto para quienes van a morir como para los familiares y amigos.

A continuación, presento un cuadro concebido por el francés Louis-Vincent Thomas en su libro *Antropología de la muerte*, que nos brinda la oportunidad de apreciar las razones del miedo a la muerte, normales o patológicas, agrupadas en tres rubros, resumidos bastante bien en el cuadro siguiente y comentadas por el mismo autor:

| | |
|---|---|
| Miedo a morir<br>(*miedo a la muerte, sobre todo* a la mala muerte) | — Miedo a dejar una tarea inconclusa (niños no educados todavía)<br>— Obsesión del dolor físico (espasmos de la agonía): de ahí el tema de la bella muerte o muerte súbita.<br>— Obsesión de la agonía psicológica: soledad, desesperanza, vacío. |
| Miedo al después de la muerte | — Angustia de la corrupción corporal, de la carroña.<br>— Incertidumbre del más allá: ¿conocemos alli más dolor. desigualdad social, tormento?<br>— Celos con respecto a los sobrevivientes. ¿Nos olvidarán? ¿Cómo repartirán nuestro patrimonio?<br>— Obsesiones de la nada.<br>— Inquietud por los funerales necesarios para alcanzar el estado de ancestralidad... |
| Miedo a los muertos | — Miedo a los aparecidos (males apaciguados)...<br>— Miedo a los biotánatos. |

"Entre estos tres registros, evidentemente el primero desempeña el papel más importante, al menos es el que aparece inmediatamente... En ese rubro se mezclan argumentos altruistas (no haber cumplido su misión: los negros africanos), y entre nosotros, los cristianos y los marxistas especialmente; no haber concluido la educación de los hijos... y motivaciones egoístas (obsesión de la agonía física y psíquica), más imperiosa aún en el occidente. Por el contrario, son únicamente los argumentos egoístas los que prevalecen en lo referente al después de la muerte y al miedo a los muertos; lo que demuestra el carácter altamente angustioso de la muerte."

"Si es cierto que el miedo a la muerte es normal y necesario, no es menos verdad que el hombre (o la sociedad) tratan de librarse de ese sentimiento. La lucha contra la angustia o el miedo a la muerte, pone en movimiento ciertos mecanismos de defensa... A su vez, esa angustia suscita múltiples actitudes ante la inminencia de la muerte: el *asombro escéptico* (**No, no es posible**); la *rebeldía* (**¿por qué yo?; no hay Dios, puesto que voy a morir**); la *desesperación* (**Estoy perdido, qué horror; más vale morir en seguida**); el *compromiso* (**que se me concedan todavía algunos meses; ¿nadie puede morir en mi lugar?**); la *depresión*, con fases de silencio interior y de lamentaciones sobre la pérdida de los otros y los suyos propios; por último la *aceptación* (**¡si no hay más remedio!**)."

Algunos otros pensadores han dicho que el fenómeno del miedo a la muerte es normal, siempre y cuando no se vuelve obsesivo o demasiado intenso, de ahí, las diferentes formas de aceptar a la muerte. En África, lo que se teme es a la manera de morir; en culturas orientales, es venerada y respetada la muerte; y en las occidentales, el mayor temor es a perecer sólo, más que a la misma muerte, ya que mientras más pensamos en ella, más obsesiva, deprimente y temerosa la convertimos.

No por nada casi todas las culturas tienen un día dedicado a las almas, espíritus, a sus difuntos; por eso en el mundo causa tanta extrañeza y admiración que los mexicanos, por un lado, somos capaces de reírnos de la muerte, de envalentonarnos en torno a ella, de creer que "la vida no vale nada" y por otro, le tememos y respetamos, tanto así que cada uno y dos de noviembre nos volvemos los más devotos adoradores de la muerte a través de personas fallecidas, por eso les preparamos sus alimentos tal y como los disfrutaban en vida, rezamos por ellos y después, nosotros mismos saboreamos los majares preparados para las almas. Es una fiesta con muchos contrastes, como ya lo vimos en capítulos anteriores.

## Miedo a la vida

Pero no todos los humanos tienen miedo a la muerte, existen los que, por enfermedades terminales, (véase el capítulo sobre la eutanasia, en este misma obra) están desahuciados y sufriendo terribles dolores que no pueden ser disminuidos ni con las drogas más fuertes de que dispone la farmacología actual; otros ven a la muerte como una solución a sus males físicos, orgánicos o morales, ya sea por edad avanzada o como los suicidas, inclusive, los famosos kamikazes de Japón que actuaron valientemente (aunque del lado equivocado) durante la Segunda Guerra Mundial, los cuales cargaban sus aviones con la mayor cantidad posible de explosivos y se estrellaban contra embarcaciones de los aliados que se atrevían a cruzar los mares, causándoles enormes pérdidas humanas y materiales; para ellos, la muerte no les causaba temor ni miedo, sino alegría, ya que estaban convencidos de la "nobleza" de su sacrificio, por lo que el horror y la angustia a lo desconocido desaparecían o dejaban de ser importantes, ya que el enorme deseo de morir por su país estaba por encima de todo.

Si bien he expuesto algunas de las razones por las cuales la mayoría de los seres humanos tienen algún temor o gran pavor a morir, también los hay quienes, por diferentes razones, temen a la vida o han perdido el gusto por vivir, por lo tanto, son suicidas en potencia, y estimo pertinente aclarar que no justifico de manera alguna el suicidio en cualesquiera de sus infinitas formas y sin importar las causas que lo motiven, ya que se necesita ser lo suficientemente valiente para suicidarse y lo suficientemente cobarde como para no continuar con vida. Sólo quiero dejar en claro que coincido con varios estudiosos de este tema al referir que los suicidas, coquetean con la muerte.

# Acercándose a la muerte

*José Arturo Delgado*

La idea y el concepto de que el mexicano se ríe de la muerte es muy relativa, en la época actual, son pocos los que piensan en el sacrificio de morir, si bien es cierto y parodiando un poco a la muerte como tal, nos atrevemos a mencionar frases como: "sin ti moriría de amor" o "soy capaz de dar mi vida por ti", pero en realidad ¿somos conscientes de que en algún momento dejaremos de existir? Lo que no todos hemos reflexionado es que la palabra **muerte** tiene dos conceptos básicos y en apariencia contradictorios. Por una parte sabemos que el ser humano es mortal, en este aspecto la aceptación de tal hecho resulta difícil para quienes amamos la vida, sin embargo, al conocer que disponemos de una sola existencia y sabernos pasajeros de un tiempo que no regresará jamás, podemos aceptarlo prudentemente, es por esto que muchos se empeñan en encontrarle gusto a la vida, realizando grandes obras que enriquecen la propia realización como humanos, son los que creen en el futuro y en una vida que disfrutan día con día. Para ellos, ser mortal nos permite vivir plenamente y con intensidad.

Por otra parte, según algunos psicoanalistas como el famoso Sigmund Freud, en nuestro inconsciente existe la inmortalidad, no debemos ni podemos morir, la muerte, cuando o como llegue, nunca será natural. La muerte es una asesina, representada como un personaje siniestro, cargando una guadaña, que en cualquier momento nos llevará al "más allá"; por eso, la simple idea de que vamos a morir es inaceptable, no es gratuito que casi todo ser humano, en escencia, rechaza morir.

Sin embargo, cuando recibimos noticias de la muerte de seres lejanos a nosotros en tiempo y espacio, la mayoría de las veces no nos conmueve, estamos hoy en día 'acostumbrados' a ver tantas muertes en los medios de comunicación que no creemos que perecer sea parte de una realidad tangible, en cambio, cuando nos enteramos que falleció un ser querido, nos duele, quizá porque este hecho nos recuerda que la "muerte" está más cerca de uno como individuo.

Para el mexicano, el apego a la vida y a los problemas cotidianos inmersos en ella, le impiden en un momento de agonía, trascender y perder el miedo a la muerte. En muchas ocasiones dentro de las pláticas de familia o de amigos escuchamos algunas narraciones de personas que se encontraron a punto de morir, algunos comentan cómo se salvaron de un accidente automovilístico y otros cómo "salieron" de alguna cirugía mayor o de un infarto; además de considerar este hecho como un "milagro", quienes lo comentan pudieron percibir sus experiencias cercanas a la muerte.

Hay quienes afirman que al percibir a la muerte, las etapas y momentos más significativos de su vida, transcurren con una vertiginosa velocidad. Algunos testimonios mencionan que por su mente pasó toda su vida en un segundo, sabían que morirían, esta reflexión es quizá para hacer un análisis de conciencia y estar en paz con su espíritu o no dejar asuntos pendientes en vida. También es común escuchar pláticas en referencia a sueños que involucran a personas ya fallecidas; inclusive algunos llegan a comentar:

*Soñé puros muertos y yo estaba ahí, clarito vi como me llamaban, me tomaban de la mano algunos y me querían llevar a un sitio de mucha tranquilidad, sin embargo mi abuelita (por mencionar a un ser querido) les decía a los difuntos "¡Déjenlo, todavía no le toca!".*

Historias como la anterior suceden cotidianamente en nuestro entorno social, formando parte de nuestra tradición oral, sin embargo, la gente que ha estado cercana al proceso de morir, toma la vida de otra manera y aprende a valorarla al sentir la fragilidad de esta.

La idea de permanencia, no sólo en el mexicano sino en el ser humano en general, nos lleva a pensar en la trascendencia como persona, pocos sabemos del proceso de regeneración celular que paulatinamente se va perdiendo desde los veinte años, pero que a partir de esa edad las apreciaciones conceptuales y la conciencia va trascendiendo día con día, es por esto que, inclusive después de "fallecidos", muchos hombres y mujeres son reconocidos, con famosas frases como: "Los hombres mueren pero las ideas permanecen".

La idea, para una gran mayoría de los mexicanos, es permanecer para siempre en la mente colectiva de la familia, grupo o comunidad, aquí aparece nuevamente la intromisión en nuestras vidas de los medios de comunicación, al tratar de imponernos ideas y conceptos ajenos a nuestra cultura y tradiciones: Tal vez, la cercanía y la transculturación de costumbres norteamericanas nos llevan, en ocasiones, a desvirtuar nuestras ideas en torno a la muerte, en muchos casos, la idea de trascender aún después de muertos, está cada día más ligada a nuestra sociedad, es por eso que muchos mexicanos copiamos modelos extranjeros y queremos trascender como "El campeón mundial de Yo-Yo", "El constructor más grande del castillo de corcholatas" o "El fabricante de la rosca de reyes más larga de México", todo esto lo hacemos con el único deseo de trascender en la historia; aún después de muertos, por eso nos arriesgamos, por eso jugamos con la muerte y la retamos en múltiples ocasiones, para ver que somos superiores a ella y para seguir diciendo que la muerte "nos pela los dientes".

Sin embargo, lo que invita a la reflexión es ver cómo, de algunos años a la fecha, la muerte y dolor de algunos se ha convertido en el comercio y utilidad de otros, además de las funerarias, varios medios de comunicación se han apropiado del dolor de mucha gente, tal parece que la "nota roja" (nota informativa que narra hechos de sangre) es la más redituable en periódicos, revistas, radio, televisión e internet.

Se puede decir que muchas empresas de medios de "información" trabajan sin ética profesional y humana, a pesar de dañar todos los días la mentalidad de niños y adultos que conviven en esta, de por sí deteriorada y violenta sociedad.

Por si no fuera bastante, la muerte en México se ha convertido en algo común y corriente, como deshumanizada, por ejemplo, antes en la radio se informaba brevemente de un asesinato, pero hoy en día se describe con lujo de detalle; con la televisión, periódicos y revistas ocurre lo mismo ya que las imágenes que más "venden" en estos medios, según varios de los dueños, son donde aparecen personas ensangrentadas o asesinadas en diversas circunstancias.

En la actualidad, un niño de cuatro años tiene acceso a las más desgarradoras historias de muerte y asesinato, ¿cuál será su concepción de la vida cuando llegue a la adolescencia o a la etapa adulta? La primera causa de muerte entre los jóvenes, son los accidentes relacionados con el abuso del alcohol u otras sustancias psicotrópicas, el segundo lugar lo ocupan la violencia y los suicidios, por lo que este tipo de muertes brutales causa un gran impacto, rencor, frustración, envenena el alma, es desagradable y provoca una impotencia tremenda; la tercera posición la ocupa el Sida. La muerte en sí es dolorosa para quien la protagoniza y para sus seres queridos, pero lo es aún más la pérdida de un joven que inicia su paso por la vida. México es un país de jóvenes y un gran porcentaje de ellos tienen una edad entre veinticinco y treinta años, muchos de los cuales mueren por diferentes causas.

Las nuevas generaciones de mexicanos tienen mayor información que las de hace diez años, lamentablemente también ha aumentado la violencia y la agresión, mismas que se ponen de manifiesto en juegos de video que tienen como objetivo "Matar", "Eliminar" o "Desaparecer" a sus contrincantes.

Dentro de esa información que se genera todos los días por diferentes medios, vienen implícitas, como recetas de "cocina", cómo usar un arma, pertenecer al crimen organizado, secuestrar, asaltar o matar.

¿Cuál seguirá siendo la concepción de los mexicanos en torno a la muerte?, ¿se le seguirá teniendo respeto? o ¿caeremos en una deshumanización generalizada a causa de la violencia? Tal vez, una de las formas de ayuda que nos permita encontrarle sentido a la existencia, es retomar el hecho de reflexionar sobre ¿cuál es nuestra misión en este mundo? Entendiendo que somos entes sociales y finitos que debemos trascender en nuestros actos, asumiendo la trascendencia como apoyo hacia los demás, especialmente en actos de soporte moral y estima, haciendo alarde del poder de las facultades afectivas que tenemos como seres humanos, este podría ser uno de los principales sentidos de la vida.

En este tercer milenio, los misterios en torno a la muerte, tal vez, sólo tal vez, sean descifrados por científicos de todo el mundo. ¿Qué sucederá en el futuro con toda aquella gente que quiso encontrar la vida eterna en la Tierra?, tal es el caso del creador de Mickey Mouse y Pato Donald, Walt Disney, quien decidió que al morir entraría en un proceso de congelación corporal conocido como criogenia para ser "revivido" cuando la tecnología lo permita o que algunos puedan revivir o mantener su apariencia y escencia mediante técnicas de clonación humana. (Ver libro de los autores Marco Antonio Gómez Pérez, Francisco Domínguez, Carlos Guzmán y Yohanan Díaz, *"Clonación, ¿El Futuro de la Humanidad?"* de Grupo Editorial Tomo, 1999).

Sabemos que hasta ahora sólo se puede reproducir otro cuerpo, pero la información cerebral no, además, el tiempo y el espacio no son los mismos cada día. Toda esta información pone de manifiesto nuevamente la necesidad "humana"de no morir, de permanecer y trascender, pero de una cosa sí tengo certeza, que lo único seguro en la vida es la muerte y que está muriendo mucha gente que antes no había muerto.

# Tanatología: la diferencia entre calidad de vida y muerte

*José Arturo Delgado Solís*

**L**a tanatología en México es una disciplina que estudia al ser humano en su integridad y contribuye a elevar la calidad de vida de enfermos terminales y apoyar moralmente a las familias de estos, también estudia lo referente a los sufrimientos relacionados con la muerte y la desesperanza dentro de un marco biológico, psicológico, social y espiritual.

Etimológicamente, tanatología significa "Estudio sobre la muerte" y sus raíces se desglosan como: *thánatos:* muerte; *logos:* tratado. En nuestro país, esta disciplina aglutina a grupos multidisciplinarios en esta materia, como lo son médicos, psicólogos, sociólogos, antropólogos, sacerdotes, abogados y todos aquellos quienes se interesan en descubrir las causas de la muerte y el significado de morir. La Asociación Mexicana de Tanatología, A. C. es la encargada de coordinar cursos diversos y diplomados en coordinación con algunas universidades mexicanas como la UNAM y la Ibero-americana, para dar una preparación profesional a los futuros tanatólogos.

Un ejemplo claro y concreto de la aplicación de la tanatología era cuando, en muchos conventos e iglesias, se daba asilo a personas con enfermedades infecto-contagiosas como lepra, tuberculosis o viruela, en esos lugares, grupos de religiosas compartían no únicamente los momentos finales de los enfermos, apoyando física y moralmente a los desahuciados, sino también la misma muerte, ya que muchas de las encargadas de cuidar a los enfermos morían al ser contagiadas por los pacientes.

Con estas experiencias y a pesar de que la tanatología involucra varias disciplinas científicas, no todas podrán ser tanatológicas por sí mismas, así, podrán haber médicos tanatólogos, pero no todos los galenos podrán serlo; lo mismo se puede decir de los sacerdotes: cierto es que todos sabrán dar auxilio espiritual y los sacramentos, pero no serán tanatólogos por ser clérigos, por lo que puedo asegurar que todas las profesiones requieren de una especialización. Para algunos estudiosos del tema, la tanatología es un campo que va más allá de cualquier saber especializado; la tanatología proporciona al hombre que muere una 'muerte apropiada'; esto, significa a su vez, que hay ausencia de sufrimiento, persistencia de las buenas relaciones significativas para el enfermo, intervalo para el dolor permisible, alivio de los conflictos restantes, creencia en la oportunidad, ejercicio de opciones, actividades factibles y comprensión de las limitaciones físicas.

Dentro del ideal de cada quien, cuando se habla de una buena muerte, lleva implícito el hecho de que es la apropiada, no sólo para el que muere, sino también para los seres queridos, es decir, una posibilidad de muerte con la que ellos puedan vivir.

El tanatólogo ayuda a quienes ya sufren a elaborar su duelo en un mínimo de tiempo y con el menor dolor posible, asimismo el tanatólogo ayuda a quienes tienen comportamientos o conductas suicidas o por actos suicidas ya consumados, ya sea en ellos mismos o en un ser querido. La tanatología habla más de la vida que de la muerte: "quitar el miedo a la muerte es dar vida a plenitud". A continuación doy a conocer algunos testimonios de personas que han recurrido a la tanatología para recibir apoyo en momentos difíciles en sus vidas.

**Amalia Rodríguez**: *Yo tuve un problema de familia, mi esposo era un neurótico, siempre tuvo intentos de suicidio, yo pensaba que necesitaba atención médica, pero nunca me hizo caso, en ocasiones me llegó a golpear y a amenazarme de muerte, mis hijos vivían la angustia de sentirse impotentes ante esta situación, por más que le decíamos que necesitaba ayuda y todo eso...nunca, nunca quiso atenderse ni tuvimos la forma de encontrar un buen médico que nos ayudara. Sufrimos muchísimo, hubo pues una desintegración familiar muy fuerte, hasta que el día en que nuevamente amenazó con suicidarse, entre blasfemias e injurias hacia mis hijos y a mí, logró su objetivo disparándose un balazo en la cabeza enfrente de toda mi familia... Actualmente recibimos apoyo de tanatólogos que nos ha permitido ir superando este trago amargo.*

**Ricardo Pastrana**: *Hace un año que falleció mi esposa y este, bueno, yo no sabía qué pasaría con mi vida, yo la quería muchísimo y la verdad no sabía qué hacer, todos los días lamentaba su ausencia y* lloraba amargamente, llegué a tenerle resentimiento por no poder decirle tantas cosa cuando estaba viva, aprendí de algún modo que el cariño y las expresiones de amor hacia ella siempre debieron ser en vida, ser introvertido y poco comunicativo me impidieron decirle tantas cosas bonitas, pero ahora no hay remedio... ya se fue para siempre... En tanatología me han ayudado a trabajar el duelo, todo aquello que pues, me causaba sufrimiento y gracias a Dios he salido adelante.

**Guadalupe Ramírez:** *Somos una familia pequeña, mi madre, mi padre y yo. En una ocasión en que mi padre se sintió mal, con fuertes dolores en el pecho, acudimos al doctor y después de varios estudios y análisis le diagnosticaron cáncer en el esófago. Desde ese momento hicimos hasta lo imposible por conseguir cuantas recetas nos daban para curarlo de ésta enfermedad, buscamos emplastos de barro, dietas con base en jugo de jitomate, cápsulas de víbora de cascabel, en fin, cuanta cosa nos recomendaban la conseguíamos a como diera lugar... Mi padre, siempre ecuánime, tomaba lo que le proporcionábamos, con la esperanza de aliviarse... En algunos momentos, él parecía reponerse, recobraba la vitalidad e inclusive se daba ánimo para hacer algunas actividades laborales. Pero lamentablemente el dolor provocado por la enfermedad no se hizo esperar, así empezaron los tormentosos tratamientos de quimioterapia. Se le cayó el cabello y la fuerza de un hombre fuerte empezó a mermar... mi padre sabia que iba a morir. Una amiga nos recomendó que buscáramos el apoyo de un tanatólogo, ya que mi madre y yo no sabíamos qué hacer, creímos que habíamos hecho todo lo posible por apoyar a mi* *padre y de hecho lo seguíamos haciendo, sólo que ahora compartiendo su dolor... Un día tuvimos una larga plática con una tanatóloga y así, poco a poco, nos fue apoyando a mi madre y a mí con la idea de que inminentemente podría haber un triste desenlace en cualquier momento... Por su parte, mi padre entendía la situación y desde ese momento el trato familiar fue diferente, sabíamos que mi padre moriría, pero tenía el derecho de ser feliz hasta el último instante de su vida, así, la tanatóloga nos fue dando el apoyo psicológico-moral que tanto habíamos necesitado... Cada vez que compartíamos con mi padre pequeños momentos en los que el dolor físico había sido controlado con sedantes, platicábamos con él de momentos felices que había compartido con nosotras y de lo orgullosas que estabamos de tener un esposo y padre así... no fue fácil participar en un evento de ésta naturaleza pero, un día, cuando mi padre terminara su agonía, la tanatóloga nos avisaría previamente para poder despedir con mucho amor, respeto, cariño y sobre todo sin lagrimas, yo a mi querido padre y mi madre a su amado esposo... Es así que los momentos de resignación, esperanza, desesperanza y duelo fueron aceptados...*

No es la existencia de la muerte, sino el huir de ella lo que nos distingue como seres humanos. Para morir es necesario vivir, la muerte está íntimamente ligada con la vida, una y otra se complementan e inclusive hay una lucha lógica entre ambas. Cabe mencionar que un enfermo terminal no es necesariamente un desahuciado, tampoco un moribundo, este concepto es manejado cotidianamente por los médicos (es necesaria una completa claridad en el concepto), ya que en muchos casos, los enfermos no se encuentran ni siquiera encamados. Antes de dar una definición más completa, es necesario recordar que el hombre no cree nunca en su propia muerte, todos sabemos que moriremos, pero nunca creemos que nos llegará, por ejemplo, cuando escuchamos que suceden accidentes automovilísticos y mueren personas en estos siniestros, nunca pensamos que a nosotros nos podrá suceder, esta idea nos permite manejar nuestro auto a grandes velocidades y en muchas ocasiones imprudentemente, pero en cambio, cuando un doctor nos da a conocer un diagnóstico grave, es el momento en que nos enfrentamos a nuestra propia muerte.

De ahí en adelante, nuestra vida no será la misma y la incertidumbre será parte de nuestra cotidianeidad, aunque la enfermedad en sí no sea sentencia de muerte. Si un enfermo tiene la sensación de que todo esfuerzo será inútil, ya que de todas formas morirá, la depresión y la debilidad provocarán en él un sufrimiento muy intenso, incluso contagiando este sentimiento de profundo dolor a las personas más cercanas a él. En algunos casos se aislará de los demás, perdiendo el interés por todo y por todos y lo peor, caerá en una desesperación de grandes proporciones y llegará a una total desesperanza, en este punto podrá empeorar rápidamente sintiendo irremediablemente una depresión profunda de la que tal vez, no saldrá jamás, a menos que reciba ayuda especializada y oportuna. Es así como definiríamos a un enfermo terminal.

Morir siempre será difícil por más natural que sea para el hombre, ya que para que muera con aceptación, dignidad, en paz, necesitará de la ayuda humana, si nos necesitamos para cosas menos trascendentes, con mayor razón debemos de apoyarnos en este rito de transición que tiene un acto simbólico, más allá de la propia vida.

Es lamentable cómo mucha gente, hoy en día, vive sin saber vivir, prácticamente no se da cuenta de lo que sucede a su alrededor, va por la vida sin tener ilusiones ni nada que dar, que expresar; si estas personas fueran conscientes de lo que ofrece la vida y que la mayoría de las cosas más bellas que se viven son gratis, disfrutarían con mayor intensidad de un amanecer, de algunas formaciones de nubes, de la inmensidad del mar o tal vez, de un paisaje montañoso con nevadas cumbres, pero el agitado ritmo de vida en la actualidad nos "impide", aunque sea de vez en cuando, echar un vistazo al cielo. Por eso la filosofía popular del mexicano es muy sabia y nos recuerda que "Nadie sabe lo que tiene hasta que lo pierde" y que algo tan simple y "sabroso" como tener salud, no sea valorado como un "regalo de vida", tenemos que presenciar o "vivir" la muerte de alguien para conocer el delgado hilo que sostiene nuestra existencia; lo que experimentamos no es la muerte del otro como tal sino el repentino rompimiento de la frágil red de la existencia.

# Eutanasia: ¿Muerte por compasión o asesinato?

*Marco Antonio Gómez Pérez*

*...entonces se cumplirá la palabra escrita:*
*La muerte ha sido absorbida por la victoria*
*¿Dónde está, oh muerte, tu victoria?*
*¿Dónde, oh sepulcro, tu aguijón?*

(San Pablo: 1 Corintios, 15:54 y 55)

**A** muchos de nosotros, cuando escuchamos que a alguien le deberían de aplicar la eutanasia, o ponemos cara de extrañeza por desconocer lo que significa o la de asustado, por pensar que es muy cruel que dejen morir a las personas aunque sepamos que su mal ya no tiene remedio. Este capítulo trata precisamente de dar un poco de luz sobre el particular y que apreciemos el por qué, para muchos enfermos terminales y desahuciados, la eutanasia puede ser un alto definitivo a sus sufrimientos. Etimológicamente la palabra eutanasia tiene su origen en Grecia y viene de los vocablos *Eu* y *Thánatos* que significan *Buena muerte* y tendrá tantos significados como puntos de vista encontremos, pues no es lo mismo para los eclesiásticos que para los médicos, sociólogos y sobre todo, para los familiares y los propios pacientes de enfermedades terminales, por eso, eutanasia significa también: *Muerte dulce, libre de sufrimientos*, este término lo empleó por primera vez el filósofo y político inglés Francis Bacon (1561-1626) en el siglo XVII y médicamente se entiende como "Muerte fácil, indolora y piadosa" provocada en una persona que sufre una enfermedad incurable, dolorosa o en grave deformación permanente, con o sin la petición o consentimiento expreso de la víctima. A continuación, expongo estos interesantes conceptos, que en su mayoría han sido extraídos de páginas de Internet, principalmente de VE Multimedios™.

## Autonomía humana y el derecho de morir

Los que reclaman el derecho a morir consideran que quien tenga una enfermedad incurable que ocasiona sufrimiento insoportable y no puede ser aliviado por los métodos disponibles, tiene derecho a solicitar la eutanasia, por lo que cada caso debe analizarse individualmente y aplicarla si está justificada. Es muy importante tomar en cuanta la opinión del paciente mentalmente competente y si no puede expresarse habrá que preguntar a sus familiares más cercanos o amigos, quienes pueden interpretar lo que el enfermo desearía, considerando este reclamo como parte de la autonomía humana.

## Tipos de eutanasia

Antes de comentar los diversos puntos de vista sobre la eutanasia, es conveniente que veamos cuáles tipos de la misma se pueden aplicar:

**Voluntaria.** Cuando el mismo paciente puede inducirse la muerte sin el conocimiento ni la colaboración de otras personas o también puede ser provocada por otros a petición del enfermo o con su consentimiento.

**Involuntaria.** Se da si se causa la muerte contra la voluntad del paciente o sin su conocimiento.

**Positiva.** Los medios con los cuales se causa la muerte pueden coincidir en una intervención positiva, por ejemplo, beber una sobredosis de píldoras somníferas u otra clase de medicina, una inyección de cloruro de potasio, que causa la muerte inmediatamente. En la eutanasia voluntaria positiva no se impone la muerte al paciente, sino más bien, éste la busca. En el fondo, esto es un suicidio especial, ya que se lleva a cabo únicamente para poner fin a dolores intolerables o una vida inútil.

**Negativa.** También conocida como pasiva o indirecta, es cuando se omite un tratamiento eficaz o al hecho de no prolongar el proceso de morir por medio de máquinas o aparatos que mantienen la vida al paciente, como por ejemplo, el respirador artificial.

En verdad que cualquier tipo de eutanasia significa, irremediablemente, la muerte de uno, varios o miles de enfermos y otros que no lo son, como por ejemplo cuando Adolfo Hitler justificó el "trabajo especial" de los médicos y sentenció: *Quedan autorizados para disponer cuanto sea necesario, a fin de que los enfermos considerables incurables, a tenor de los conocimientos actuales, se les pueda eliminar físicamente para poner fin a sus sufrimientos.* Esta condena de eutanasia involuntaria positiva significó que en octubre de 1939 el Tercer Reich estableciera la eutanasia eugenésica (contrario a lo que se pueda creer, eugenesia significa: *Buena estirpe* y es el perfeccionamiento de la raza humana eliminando a los débiles y enfermos) con la cual más de 80 mil pacientes mentales de Alemania y Austria, epilépticos, débiles mentales y personas deformes fueran ejecutados en cámaras de gas entre 1940 y 1941. Al principio, esta ley abarcó exclusivamente a niños pero luego aumentó la edad. Sin embargo, Hitler no fue el primero en aplicar la eutanasia eugenésica a niveles masivos, ya que en 1779, el emperador francés, Napoleón Bonaparte solicitó a su médico militar aplicar la eutanasia a soldados infectados con enfermedades contagiosas, para frenar su expansión.

En resumen; la eutanasia se clasifica según su finalidad:

*Eugenésica:* Por razones de "limpieza racial" al liberar a la sociedad de los enfermos que son una carga. En algunos pueblos primitivos, era sobre todo cuestión de alimentación: eliminar bocas inútiles.

*Piadosa:* La que se practica con el fin de aliviar dolores y sufrimientos a un enfermo.

*Positiva:* Aquella en que alguien, de manera directa y positiva, actúa sobre la persona enferma provocándole la muerte.

*Negativa:* Cuando se deja de hacer algo que permite proseguir con la vida del paciente.

*Directa:* Cuando existe la intención de provocar la muerte directamente del enfermo.

*Indirecta:* Consiste en la muerte no deseada en la intención que sobreviene a causa de los efectos secundarios del tratamiento paliativo del dolor.

*Voluntaria:* Es la que solicita el paciente de palabra o por escrito.

*Involuntaria:* La que se aplica a los pacientes sin su consentimiento.

En todos los casos se procura evitar sufrimiento humanamente innecesario a enfermos que ya no es posible sanarlos ni evitarles sufrimiento y en ocasiones se lleva a cabo por petición del enfermo y otras por la de los familiares, para acabar de una vez por todas con los dolores de la víctima.

Además, en muchos países, para poder autorizar la aplicación de la eutanasia, se debe llevar a cabo un juicio en donde se exponen todos los elementos de prueba por parte de los abogados que la solicitan y la de los fiscales que intentan demostrar que la eutanasia no es necesaria, ya que siempre existe una mínima esperanza de que se encuentre una posible cura para determinada enfermedad terminal y pueda ser aplicada al paciente. Pero la verdad es que esto no se ha dado o han sido mínimos los casos en que así ha sucedido, por lo que debemos pensar que enfermos de cáncer, SIDA, leucemia, diabetes melitus, meningitis y otras, o tener vida vegetativa en la cual, únicamente el cuerpo lleva a cabo el mínimo de funciones para que el cuerpo esté vivo pero sin ninguna actividad cerebral inteligente y voluntaria, en estos casos, ¿somos capaces de preferir ver sufrir a la gente que dejar que mueran y descansen realmente en paz?, cada caso es diferente para todos.

## Estado terminal

Para continuar con las razones del por qué aplicar o no la eutanasia, es necesario aclarar qué es un paciente en estado terminal; es cuando existe una situación de muerte inminente e inevitable, es decir, cuando se trata de una enfermedad incurable. No es paciente terminal aquél que se encuentra en una situación grave con riesgo de muerte a causa de un proceso de naturaleza curable; tampoco puede considerarse a alguien en estado terminal al que, por una enfermedad incurable y de pronóstico fatal, tiene una esperanza de vida superior a seis meses.

Recordemos varios casos de eutanasia que conmocionaron al mundo: el primero de ellos es el de Ana Karen Quinan, joven quien en 1971 entra en coma tras la ingesta masiva de barbitúricos y permaneció así varios años, hasta que sus padres ganan en un juicio la aplicación de la eutanasia, inclusive hay un libro en el que se cuenta con detalle toda la odisea de Karen y sus progenitores. Otros casos significativos que destacaron los medios de información son las 29 muertes por sobredosis de insulina en una residencia de ancianos de la Ciudad Holandesa de la Haya y el juicio a varias enfermeras de un hospital austríaco de Lainz por la muerte "asistida" de 40 ancianos, y ni qué decir de los incidentes de Jack Kevorkian, denominado "Doctor Muerte" en Estados Unidos, por haber "ayudado" a varias personas a suicidarse sin dolor gracias a sus "sabios consejos".

## Punto de vista médico

A falta de otros remedios, es lícito recurrir, con el consentimiento del enfermo, a los medios disponibles de la medicina más avanzada, aunque estén todavía en fase experimental y no libres de todo riesgo. Aceptándolos, el enfermo podrá dar así ejemplo de generosidad para el bien de la humanidad, al permitir que se le apliquen medicamentos y tratamientos que pueden dar resultado o no, pero que permitirá el avance de la ciencia en algún campo específico. Es también lícito interrumpir la aplicación de tales medios, cuando los resultados defraudan la esperanza puesta en ellos. Pero, al tomar tal decisión, deberá tenerse en cuenta el justo deseo del enfermo y de sus familiares, así como el parecer de médicos verdaderamente competentes; estos podrán, sin duda, juzgar mejor si el empleo de instrumentos y personal es desproporcionado a los resultados previsibles y si las técnicas empleadas imponen al paciente sufrimientos y molestias mayores que los beneficios que se pueden obtener de los mismos.

Cuando se habla de muerte digna se cae muchas veces en el error de confundirla con la eutanasia. Algunos médicos remarcan que hay grandes diferencias entre una y otra: la muerte digna apunta a controlar el dolor físico y espiritual del enfermo y lograr que termine sus días de la forma más pacífica posible, en cambio, si se habla de provocar la muerte, nos acercamos a lo que es la eutanasia, por eso es importante que se respete la autonomía de los pacientes, pero no tiene que ser total. Si no, caeríamos en el suicidio asistido del doctor Kervorkian. Para el psiquiatra y psicoterapeuta Daniel Coifman: *El ser humano tiene la capacidad para tomar la decisión de interrumpir su tratamiento y morir de una forma digna; si alguien va a morir sufre menos al poder tomar decisiones y no sentirse víctima de un sistema que no le permite elegir.*

En teoría, se necesita nuestro consentimiento para que se nos administre un tratamiento, pero la mayoría de la gente acepta automáticamente lo que el médico le suministra. Hay quienes pasan meses, incluso años, con una calidad de vida tan pobre que llegan a desear vehementemente morir. Lo que la mayoría de la gente desea, en todos aquellos lugares en que se han realizado encuestas, es que se debería permitir que los médicos pudiesen ayudar a morir a un paciente incurable si así lo solicita.

En la mayoría de los países en los que un médico lleva a cabo esta ayuda puede acusársele de homicidio, otro elemento característico de hoy es el aumento de las formas de eutanasia: de aquellas más clásicas, de los enfermos incurables, atormentados por el dolor, pasamos ahora a las más modernas: se da por ejemplo en los niños nacidos deformes también una eutanasia prenatal que interviene sobre el feto antes de su nacimiento; así como la aplicada a los ancianos inválidos y que son concebidos como una carga.

Excluir la eutanasia no significa obligar al médico a utilizar todas las técnicas de supervivencia que le ofrece una ciencia infatigablemente creadora, en tales casos, ¿no sería una tortura inútil imponer la reanimación vegetativa en la última fase de una enfermedad incurable? El deber del médico consiste más bien en esforzarse por calmar el sufrimiento, en vez de prolongarlo los más posible con cualquier medio o condición, en una vida que ya no es plenamente humana y que va naturalmente hacia su final.

## Punto de vista legislativo

### Nuevo caso de eutanasia

Poco antes de cerrar este trabajo, fue presentada una nota informativa en la cadena de televisión mexicana Televisa, dentro del Noticiero (lo correcto debe ser noticiario) con Guillermo Ortega, el lunes 21 de febrero de 2000, en el que un día de octubre de 1993, la señora Cristina de Plata fue visitada por un "quiropráctico", quien sin ningún conocimiento de esta disciplina de los huesos, empieza a hacer un acomodamiento de los mismos a la paciente, pero lo hace ¡sobre una cama! Simplemente por la más elemental razón, esto no se debe hacer, ya que no existen las condiciones adecuadas para llevar a cabo la quiropráctica sobre la señora Cristina, por eso, cuando el pseudoprofesional presiona con fuerza sobre la espalda de la señora, este lo hace de tal manera que ¡le destroza la espinal dorsal y le provoca un paro pulmonar!, en consecuencia, la señora Cristina de Plata, desde ese día, vive sin ningún movimiento del cuello para abajo de su cuerpo y además necesita un respirador artificial.

Después de seis años de sufrir este martirio, ella solicita a las autoridades que la dejen morir, que le retiren el aparato que le permite respirar, pero, lamentablemente para ella, esto no es posible, ya que la actual legislación en el Distrito Federal al respecto de este tipo de casos, no permite que Cristina tome esa decisión, ya que sería considerado como homicidio o suicidio asistido.

Este caso ilustra muy bien el por qué las cámaras legislativas presentarán un proyecto de modificación al Código Civil del D. F. para que en casos como estos, sí se pueda dejar morir al paciente. Al respecto, el legislador Antonio Padierna comenta para la televisora:

*Se pretende que un individuo que padece una enfermedad irreversible pueda decidir si se somete o no a un tratamiento médico que prolongue artificialmente su vida. El concepto de una muerte digna no es terminar con la vida de una persona, es decir, que no se puede suministrar ninguna sustancia, simplemente, el derecho a una muerte digna es no precisamente mantenerlo en una circunstancia de dolor permanente.*

Este proyecto de modificación a la ley sobre eutanasia contempla además los casos en que el paciente no puede decidir por sí mismo, el mismo Antonio Padierna agrega:

*En caso de un accidente, (que) no se sepa si se va a recuperar o no, (y si) la información de los médicos es: «no va a salir más y se mantiene en vida vegetativa durante mucho tiempo», en estos casos, la ley está previendo que pueda ser la cónyuge, concubina o los descendientes mayores de edad, los ascendientes o bien, los parientes colaterales hasta cuarto grado, los que puedan decidir al respecto.*

Por supuesto, la respuesta médica es la siguiente, según el doctor Gustavo Rincón: *Cuando hay actividad cerebral, definitivamente no podemos desconectar a un paciente, tendríamos que seguir luchando.* Por su parte, Monseñor Jorge Palencia sentencia al respecto de esta propuesta de modificación al Código Civil del D. F.: *Si esta ley pasa por las Cámaras, se estará decidiendo entonces sobre la muerte de muchos mexicanos.* Así es que, en un año electoral como el 2000, es muy probable que si este proyecto empieza a calentarse y a crear polémicas, seguramente se irá posponiendo hasta que la siguiente legislatura se atreva a llevarla a cabo, si les conviene políticamente.

## Posición de la legislación en Jalisco

En la misma página de Internet mencionada, está plasmada la posición del cuerpo legislativo de Jalisco con relación a la eutanasia, misma que no está bien definida, sin embargo, el código penal de ese Estado de la República Mexicana contempla de tres a diez años de prisión al que ayude a otro al suicidio si este se consuma y de cuatro a doce años de prisión en caso de que el inculpado lleve a cabo la muerte.

Pero las leyes sobre eutanasia no son nuevas, recordemos que en 1969, en Gran Bretaña, es aprobado el llamado «Testamento de Vida» a través del cual el paciente, en pleno uso de sus facultades mentales, solicita le sea aplicada la eutanasia en caso de padecer alguna enfermedad seria, discapacitante, incurable y que le cause molestias o le haga imposible razonar. La eutanasia puede ser administrada por el médico, el mismo paciente (suicidio asistido) o alguna otra persona. Esta conducta ha sido estudiada por varios países de Europa entre los que destacan Holanda y Dinamarca y por su parte, en América, Estados Unidos sólo permite la práctica del suicidio asistido en el estado de Oregón; y otros países latinoamericanos como Uruguay y Colombia han despenalizado la eutanasia.

# Punto de vista católico

Juan Pablo II, en su encíclica El Evangelio de la Vida define la eutanasia como: *Adueñarse de la muerte, procurándola de modo anticipado y poniendo así fin "dulcemente" a la propia vida o a la de otro.*

En la *Utopía* del humanista y político inglés Tomás Moro (1478-1535), aparece el concepto médico y moral de la Eutanasia: *...Cuando a estos males incurables se añaden sufrimientos atroces, los magistrados y sacerdotes se presentan al paciente para exhortarle, tratan de hacerle ver que está ya privado de los bienes y funciones vitales...y puesto que la vida es un puro tormento, no debe dudar en aceptar la muerte, no debe dudar en liberarse a sí mismo o permitir que otros le liberen... esto es, la muerte no le apartará de las dulzuras de vida sino del suplicio y se realiza una obra ...piadosa y santa... este tipo de muerte se considera algo honorable.*

Los expertos en la atención a los moribundos del sistema de hospicios están de acuerdo en que **lo que más temen los moribundos no es el dolor físico, sino el abandono** no sólo por parte de sus familiares y otras personas cercanas, sino también de la sociedad en general, esto es confirmado por los obispos católicos de Irlanda que señalan lo siguiente: *Aquellos que tienen experiencia en atender a los enfermos terminales y a los ancianos saben que estas personas no temen tanto a la muerte como al ser abandonados y dejados solos. Creen no ser amados más aún que el dolor. Se puede soportar todo, aún la muerte pierde su terror, ante la presencia de aquellos que nos aman*[2].

---

2   Obispos de Irlanda. Carta pastoral titulada "Human Life is Sacred", 1 de marzo de 1975. Reimpresa el 22 de mayo de 1975 en la edición inglesa del *L'Osservatore Romano*, órgano informativo del Vaticano.

También quienes piden la eutanasia, excavando más a fondo, no únicamente piden que se ponga fin a su vida, sino que en aquellos momentos dramáticos no sean dejados solos. Esta responsabilidad es de todos y en particular de los familiares, quienes a menudo tienen miedo de los médicos, ya que no basta dar una ayuda técnica, ¡sino sobre todo es necesario saber dar una ayuda humana!

Un grupo de médicos preguntó al Papa Pío XII (1876-1958) lo siguiente: "¿La supresión del dolor y de la conciencia por medio de narcóticos... está permitida al médico y al paciente por la religión y la moral incluso cuando la muerte se aproxima o cuando se prevé que el uso de narcóticos abreviará la vida?", a lo que el Pontífice respondió: *Si no hay otros medios y si en tales circunstancias, ello no impide el cumplimiento de otros deberes religiosos y morales: Sí, en este caso, en efecto, está claro que la muerte no es querida o buscada de ningún modo, por más que se corra el riesgo por una causa razonable: simplemente se intenta mitigar el dolor de manera eficaz, usando a tal fin los analgésicos a disposición de la medicina.*

En otra ocasión, sobre el mismo tema, sentenció: *¿No consiste acaso la eutanasia en una falsa compasión que alega evitarle al hombre el sufrimiento purificador y meritorio, no por medio de una ayuda caritativa y loable, sino por medio de la muerte, como si estuviéramos tratando con un animal irracional desprovisto de inmortalidad?*

La posición de los jerarcas católicos en torno a la eutanasia es la de soportar lo más posible el sufrimiento y el dolor y a lo más que acceden es a paliar esos padecimientos a través de analgésicos y esperar el fatal desenlace con resignación y esperanza en una vida mucho mejor después de la muerte, en el paraíso y en compañía de Dios.

Es muy interesante e importante conocer con amplitud el punto de vista del clero católico, ya que para ellos no existe duda de que:

*...se necesita un equilibrio adecuado durante nuestras últimas horas entre el estar plenamente conscientes de que lo que nos está sucediendo en nuestro camino hacia el Calvario y el grado de dolor que podemos soportar. Ponemos "a dormir" a los animales porque su sufrimiento no tiene sentido, no pueden enfrentar la muerte con fortaleza y entereza, por lo tanto, nuestra única respuesta posible a su tribulación es ponerle fin a su sufrimiento lo antes posible; lo que los animales necesitan en sus últimos días es que los traten humanitariamente; lo que los seres humanos necesitan en sus últimos días es que los tratemos humanamente, es decir, como seres dignos de respeto —ofreciéndoles nuestra compañía, dándoles ánimo para mantener su fortaleza— y cuando el dolor es grave, proveyéndoles lo mejor que la medicina puede ofrecer para aliviar su dolor. Pero no podemos tratar a las personas como a los animales, con la inyección lista para "ponerlos a dormir". No, debemos respetar su dimensión espiritual y el plan de Dios para sus vidas.*

*Por lo que se refiere a quienes profesan otras religiones, muchos admitirán con nosotros que la fe —si la condividen— en un Dios creador Providente y Señor de la vida (que) confiere un valor eminente a toda persona y garantiza su respeto. Confiamos, sin embargo, en que esta Declaración recogerá el consenso de tantos hombres de buena voluntad los cuales, por encima de diferencias filosóficas o ideológicas, tienen una viva conciencia de los derechos de la persona humana. Tales derechos, por lo demás, han sido proclamados frecuentemente en el curso de los últimos años en declaraciones de Congresos Internacionales y tratándose de derechos fundamentales de la gente, es evidente que no se puede recurrir a argumentos sacados del pluralismo político o de la libertad religiosa para negarles valor universal.*

## Justificación a la eutanasia

Se suelen presentar las siguientes razones en pro de la eutanasia voluntaria positiva, veamos algunas de ellas, aparecidas en la mencionada página de Internet:

1. La vida de una persona que sufre una enfermedad terminal viene a ser inútil para su familia, la sociedad y el mismo paciente. Una persona sana no debe cometer suicidio porque tiene muchos deberes para con su familia, la sociedad y su propio desarrollo. Por el contrario, una persona que sufre de una enfermedad terminal no tiene ya más deberes que cumplir, sencillamente porque se encuentra en incapacidad de hacer algo por sí misma o por los demás. Nadie saca ningún provecho de que su vida continúe, cargada como está con el peso del sufrimiento, por tanto, es razonable afirmar que tal persona se encuentra justificada para poner fin a su propia vida, por su cuenta o con la ayuda de los demás.

2. Cuando alguien se encuentra ante dos males, tiene que escoger el menor. La prolongación de un sufrimiento inútil es un mal mayor que el procurarse una muerte inmediata, que de todas maneras pronto sobrevendrá.

3. Resulta inhumano e insensato conservar en vida a un paciente terminal cuando él ya no quiere vivir más, y una simple inyección podría poner fin a su lamentable estado, sin dolor.

4. Una persona que no cree en Dios puede razonablemente concluir que el hombre es el dueño de su propia vida. En

consecuencia, puede decidir libremente poner fin a la suya, por su cuenta o con la ayuda de otros, cuando ya no tiene más deberes que cumplir con respecto a su familia y a la sociedad.

5. La libertad del hombre para obrar no debe cohibirse a menos que haya razones convincentes de que su libertad entra en conflicto con los derechos de los demás. Ahora bien, no puede demostrarse tal conflicto en el caso del enfermo terminal, por tanto, tal persona tiene el derecho a morir como ella escoja.

6. La eutanasia voluntaria positiva es un acto de delicadeza para con la propia familia y para con la sociedad, ya que el enfermo terminal decide no seguir siendo oneroso para ellos prolongando su enfermedad, con los consiguientes costos y todo el trabajo de cuidar a un paciente enfermo de gravedad. Es mejor liberar los escasos recursos médicos y financieros para que se empleen en curar a aquellas personas que pueden llevar una vida útil.

7. Los creyentes sostienen que Dios nos dio la vida, de aquí no se sigue que no podamos intervenir en ella, es sensato, por tanto, pensar que Dios no quiere que suframos innecesariamente cuando podemos de manera fácil poner fin a nuestra desgracia.

Las súplicas de los enfermos muy graves que alguna vez invocan la muerte no deben ser entendidas como expresión de una verdadera voluntad de eutanasia; éstas, en efecto, son casi siempre peticiones angustiadas de asistencia y de afecto. Además de los cuidados médicos, lo que necesita el enfermo es amor, el calor humano y natural, con el que pueden y deben rodearlo todos aquellos que están cercanos, padres e hijos, médicos y enfermeras.

## Punto de vista filosófico

Como en cualquier actividad humana, también en lo filosófico se dan opiniones contradictorias en torno a la eutanasia y una a favor es la siguiente: *Una vez que se admite que la edad, la enfermedad o la desgracia pueden convertir la vida en una carga y hacer de ella algo peor que la aniquilación, ningún hombre ha renunciado a la vida si ésta mereciera conservarse. Quien se retira de la vida no le produce daño a la sociedad , a lo sumo deja de producirle un bien .*

En términos del filósofo alemán Emmanuel Kant (1724-1804), a él no le importa la singularidad: *El suicidio es malo,* (considera así a la eutanasia) *al contrario de (*David) *Hume,* (filósofo, historiador y economista inglés 1711-1776) *porque viola deberes para conmigo mismo, el respeto por nosotros mismos. Frente a la eutanasia se tiene en cuenta la potencialidad de ese ser humano que se quita la vida, las posibilidades de desarrollo de sus capacidades. La vida no vale por sí misma, sino en función de un proyecto de vida ligado con una libertad y una autonomía, ésta se justifica si permite la base material para una vida digna.*

Otros filósofos señalan que:

*Si por una parte la vida es un don, por otra la muerte es ineludible, es necesario por lo tanto, que nosotros, sin prevenir en modo alguno la hora de la muerte, sepamos aceptarla con plena conciencia de nuestra responsabilidad y con toda dignidad. Es verdad que la muerte pone fin a nuestra existencia terrenal, pero, al mismo tiempo, abre el camino a la vida inmortal. Por eso, todos los hombres deben preparase para este acontecimiento a la luz de los valores humanos, y los religiosos más aún a la luz de su fe.*

# Otros aspectos

Para cerrar este capítulo tan polémico, tan social y tan personal a la vez, veamos una nota de agencia de noticias aparecida recientemente, que nos ilustra que en relación a la eutanasia, no está nada decidido todavía:

"Sidney, Australia. Ammirati Puris Lintas prepara el segundo comercial de su controversial campaña de publicidad a favor de la eutanasia. Se inició la campaña en marzo con la cuña que protagoniza la 'Señora Burns' en el momento de pedir que se le deje morir".

Una sola vez salió al aire el poderoso comercial que Ammirati realizó de manera gratuita para la Sociedad Proeutanasia de New South Wales. Desde su cama, la señora Burns, madre de 4 hijos, explica que una dosis de 20 grageas diarias, que incluyen tres de morfina, no siempre alivia el dolor que produce el cáncer en la vejiga. *Si fuera yo un perro, dice la señora Burns, la Sociedad para la Protección de los Animales ya hubiera demandado a mi marido por crueldad, y a mí me hubiera puesto fin a la vida. Creo que se trata a los humanos peor que a los animales. Sí puedo aguantar los dolores que ya me afligen, pero no quiero aguantar los que vienen.*

Entonces hay dos preguntas, entre muchísimas más, que agregar: ¿La eutanasia es para bien o para mal?, usted ¿qué haría? Amigo lector, como diría el cantante estadounidense Bob Dylan en una de sus más famosas canciones: "La respuesta está en el viento".

# Muertos en vida: algunas reflexiones sobre la muerte

*José Arturo Delgado Solís*

**D**esde el punto de vista antropológico, los ritos elementales de transición o de "paso" en México, tienen un gran significado, estos son: nacimiento, bautismo, confirmación, primera comunión, quince años (en caso de las mujeres), matrimonio y muerte. De este último paso en la vida, comentaré algunos procesos en los que todos los mortales nos hemos visto inmersos de alguna manera.

El nacimiento está marcado por ceremonias de júbilo, la apropiación de fuerzas sobrenaturales y la aceptación del nuevo ser dentro de su comunidad, cada grupo sucesivo de personas de la misma edad tiene su momento de importancia, siendo los ritos de la pubertad los más poderosos, y así sucesivamente hasta la llegada de la edad adulta y el matrimonio.

En la muerte, la comunidad no se divide, los ritos varían de un lugar a otro, pero todos los que viven cercanos al difunto, tienen un cambio en sus vidas cotidianas, encarando la situación en un duelo que propicia los ritos y ceremonias tradicionales como velación, entierro o cremación, en un ambiente de solidaridad y apoyo para con los deudos.

Cuando sabemos que alguien murió y no es directamente cercano a nuestra familia, lo primero que nos preguntamos es: ¿estaba enfermo? o ¿qué edad tenía?, y si sabemos que la persona que falleció era menor de edad o murió accidentalmente, nos cuesta trabajo entender y hasta justificar esa muerte, es más fácil, por decirlo de algún modo, el "aceptar" la muerte de alguien de edad avanzada, a quien decimos que murió de "muerte natural" o un individuo que sabíamos enfermo desde hace tiempo, que el fallecimiento de un menor o de alguien en pleno uso de sus facultades físicas y mentales.

Sin embargo, para quienes hemos vivido de cerca el deceso de un familiar o amigo, nos crea sentimientos de impotencia y depresión al estar conscientes que esta persona ya no estará físicamente con nosotros. "El hueco", el desaparecer para siempre, causa conmoción, la primera impresión que nos agobia es la ausencia; manifestamos en muchos casos sentimientos de ira y rabia, ya que de ninguna manera justificamos el hecho de que alguien a quien queremos haya muerto y sólo pensamos en el inmenso dolor que experimentamos los que vivimos ese dramático momento. Algunos especialistas afirman que durante este proceso se pasa generalmente por las siguientes etapas; esperanza, desesperanza, negación, duelo, aceptación, reconciliación.

Algunos tanatólogos recomiendan a quien sufre la muerte de un familiar o amigo que platique sus emociones y sentimientos con personas de su confianza, con el propósito de "liberar" esa carga emocional y hacer más "soportable" la etapa de duelo, sin embargo, cada quien vive en su persona la experiencia de "perder" a un ser querido, hay quienes manifiestan conductas de autoagresión, aparente indiferencia, resignación, sentimiento de culpa, vacío, impotencia y soledad. No obstante de vivir el dolor en sí, este se demuestra y 'justifica' ante los demás portando prendas oscuras en señal de luto, por cierto, poco se conoce sobre esta tradición de colocar listones, moños o vestirse de negro en señal de luto, veamos algunas consideraciones al respecto.

## Colores funerarios

Se cree que en la antigüedad el negro representaba el inframundo, para algunas culturas antiguas el temor por la muerte "invita" a disfrazarse con un "camuflaje mágico", a los de tez blanca pintándose el cuerpo de negro y los de piel oscura de blanco, este ritual lo llevan a cabo, hoy en día, algunas tribus africanas esto con el propósito de "evadir" el espíritu del recién fallecido, para que éste no "entre" en el cuerpo de algún vivo.

En algunas culturas mediterráneas, las mujeres acostumbran traer un velo negro que les cubre el rostro, esto fue característica de las viudas que se ocultaban del espíritu de sus maridos. Los antiguos romanos vestía prendas oscuras en señal de luto, aunque no precisamente negras, tal vez por que no conocían las tintas o no podían imprimir a sus prendas este simbólico tono. conforme pasan los siglos, el negro fue aceptado en definitiva en algunos países europeos y hasta la fecha ha significado signo de dolor.

En otras culturas como la egipcia, el luto se representaba con colores amarillos, el azul era el preferido por los turcos y blanco para los chinos. Cabe mencionar que en la actualidad el blanco es usado en funerales y en señal de luto por grupos de personas de raza negra en algunas ciudades de

Estados Unidos, tal vez como identidad racial y de protesta contra las imposiciones culturales de los blancos, sin embargo, se cree que el uso de tela blanca como señal de luto fue decretado por la corte española en el año 1497, al morir el príncipe don Juan.

Hoy en día, el negro continúa siendo el preferido por las personas como símbolo de luto y temor a la oscuridad relacionado con las tinieblas, el mundo subterráneo de los muertos y donde se creía habitaban los espíritus; a pesar de ello, el gusto y preferencia por la luz y lo luminoso, como forma superior de divinidad, siguen siendo los principales elementos de "vida" para la humanidad.

Simbólicamente el uso del blanco en algunas costumbres funerarias representa la gran luz, se tiene la creencia que cuando las personas visten de blanco en un funeral, el alma del difunto encuentra más fácil su camino, ya que el descanso eterno del difunto consiste en encontrar la paz y la luz divina del creador del universo, por eso, es tradicional observar en el funeral de un niño, un féretro blanco, esto representa la inocencia de los "pequeños angelitos" que retornan al reino de los cielos.

## Procesiones

Otro aspecto en relación a los vivos y la muerte, es que en muchas ceremonias luctuosas y religiosas hemos observado procesiones donde las personas caminan con "paso o marcha lenta" hacia una iglesia en la cual está el panteón. Se cree que esta costumbre surgió hace muchos años, cuando en los cortejos fúnebres caminaban con velas encendidas, este paso corto se vio impuesto por la mínima velocidad que debían tener al caminar, para que sus velas no se apagaran.

Cada persona tiene su propia idea acerca de cómo vivir y

tendrá una muerte tan individual como sus huellas digitales. Si llevamos esta opinión un poco más lejos, cada uno de nosotros tendrá la suya acerca de en qué momento la vida deja de tener sentido. Se dice incluso que hay personas que están "muertas en vida" y no precisamente en el aspecto clínico de una "muerte cerebral", sino desde el punto de vista de que han perdido la capacidad de asombro o el gusto por vivir.

A veces la falta de incentivos, el cansancio, la monotonía, la cotidianidad, el dolor físico o el moral provocan estados depresivos que parecen incontrolables, sin embargo, se debe recordar "que todo tiene solución en la vida menos la muerte y esta en sí, ya es una solución", sin desear que esta afirmación signifique estar a favor del suicidio o el asesinato.

Supongamos que nos dicen que hoy será el último de nuestras vidas, ¿cómo lo viviríamos?, casi nadie lo sabe, entonces, ¿por qué no vivir cada día plenamente cómo si este fuera el último de nuestra existencia?

## Proverbios

Por otra parte, la muerte en México, como fenómeno social, ha generado diversas ideologías a su alrededor que nos han llevado desde la sátira, el refrán y el dicho popular hasta frases célebres. La cultura de la muerte tiene para el mexicano un enorme arraigo y creatividad, aquí tenemos algunos ejemplos:

* Hay muertos que no hacen ruido y son mayores sus penas.
* El muerto a la sepultura y el vivo a la travesura.
* Cayendo el muerto y soltando el llanto.
* El muerto al hoyo y el vivo al bollo.
* Sobre el muerto las coronas.

- A mi las calaveras me pelan los dientes.
- Como la muerte de Apango: ni chupa, ni bebe, ni va al fandango.
- Amigos hasta morir, pero de prestarte nada hay que decir.
- La muerte es flaca y no ha de poder conmigo.
- Cuando el tecolote canta el indio muere... no es cierto pero sucede.
- El muerto y el arrimado a los tres días apestan.
- El que ha de morir a oscuras, aunque muera en velería.
- Donde lloran está el muerto.
- De un jalón hasta el panteón.
- El que por su gusto muere hasta la muerte le sabe.
- Huyes de la mortaja y te abrazas del difunto.
- Muerto el perro se acabó la rabia.
- Mujeres juntas, sólo difuntas.
- Velo y mortaja del cielo bajan.

*Cara mitad vida - mitad muerte.*

❖ Yerba mala nunca muere y si muere no hace falta.

❖ Primero muerto que cadáver.

❖ Sólo los guajolotes mueren en la víspera.

Las siguientes reflexiones de artistas e intelectuales, confirman que la muerte nos pertenece a todos:

✐ *La muerte no es más que un accidente de la vida universal: la inmortalidad la han inventado los hombres para consolarse de lo efímero.* **Dr. Atl,** pintor.

✐ *Morir es nada cuando por la patria se muere.* **José María Morelos y Pavón**, libertador e insurgente.

✐ *La muerte es intransferible, como la vida... La indiferencia del mexicano ante la muerte se nutre de su indiferencia ante la vida.* **Octavio Paz**, Poeta, escritor y ensayista.

✐ *Tu cadáver te ha de alcanzar, no tengas cuidado.* **Jaime Sabines**. Poeta.

✐ *Ido el placer ¿la muerte a quién aterra?.* **Ignacio Ramírez**, "El Nigromante", escritor.

✐ *La muerte es un acto infinitamente amoroso.* **José Revueltas**, escritor.

✐ *La muerte toma siempre la forma de la alcoba que nos contiene.* **Xavier Villaurrutia**. Poeta y escritor.

✐ *Círculo es la existencia, y mal hacemos cuando al querer medirla le asignamos la muerte y el sepulcro como extremos.* **Manuel Acuña**, Periodista y escritor.

✐ *Frente a la proximidad de la muerte, la necesidad de amar se acrecienta, muero cada día, no hay nada nuevo en ello.* **José Luis Cuevas**, pintor y escultor.

✐ *Creo en lo importante de estar vivo y de ser un hombre de tiempo, de ceniza, que nace, crece y muere, o nace y muere.* **Homero Aridjis**, poeta y escritor.

✎ *Yo no le tengo miedo a la muerte, pero sí al modo como he de morir... Quisiera hacerlo como Don Quijote, cuerdo y con el ánimo sosegado.* **Luis González Obregón**, escritor.

✎ *La muerte es el instante en que la mariposa escapa de la oruga; en nuestro cuerpo el alma está larvada y es la muerte quien le otorga el ser... La vida y la muerte no son dos polos opuestos, sino dos estados conexos entre los cuales no todos los contactos cesan.* **José Vasconcelos**, político, escritor y literato.

# Vida después de la muerte

*Marco Antonio Gómez Pérez*

*La dignidad de la persona humana exige un sentido de trascendencia, la muerte es trascendente, por ella, el hombre trasciende.*

(Nuevo Catecismo para adultos)

**D**esde que el hombre toma conciencia de la muerte, le ha llamado poderosamente la atención adivinar, saber, conocer y descubrir qué existe, si es que hay algo, después de la muerte, si realmente tenemos un alma o espíritu (para mayores datos entre la diferencia de alma y espíritu, consulte la obra *Fantasmas, leyendas y realidades* de los autores Marco Antonio Gómez Pérez, Francisco Domínguez, Carlos Guzmán y Yohanan Díaz, de Grupo Editorial Tomo, S. A. México, 1999) que vive en otro mundo totalmente ajeno a las penas y problemas de los seres humanos tridimensionales que habitamos el planeta Tierra, si vamos al infierno o al cielo, si reencarnamos en vidas continuas hasta alcanzar la perfección espiritual; en fin, nuestras creencias varían según la cultura social, religiosa, académica, intelectual y sentimental que poseamos.

Para la mayoría de las religiones del mundo y principalmente las cristianas, solamente existen tres posibilidades de vida después de la muerte, infierno, purgatorio y paraíso (los cuales veremos con mayor detalle en el último capítulo de esta obra, al igual que le damos un trato aparte al tema de la reencarnación), son cinco posibilidad importantes que merecen ser tratadas como tales, por lo que en este capítulo veremos algunas otras posibilidades de vida después de la muerte.

Desde que el hombre toma conciencia de la muerte, ha creado alrededor de ella todo un mundo paralelo, un lugar donde realmente se vive en armonía, en paz, en compañía de las personas a las que amamos, un lugar donde nuestro concepto del paraíso se queda corto y que satisfaga esa necesidad de creer en una vida diferente a la que llevamos en este mundo que, día con día, se arraiga más en nuestras creencias populares, aún por encima de las religiosas o filosóficas.

¿Cómo sabemos de este maravilloso lugar al que seguramente iremos cuando fallezcamos?, la respuesta está primero en los médiums, aquellas personas que dicen estar en contacto con espíritus de los muertos, quienes les han transmitido parte de este conocimiento, pero al transcurrir el tiempo y con los avances tecnológicos, se desarrolla la transcomunicación instrumental, en la cual se utilizan algunos de los aparatos electrónicos como la radio, cintas de audio, teléfono, video, televisión y últimamente las computadoras, las cuales han captado algunos de estos supuestos mensajes de quienes viven y gozan en el más allá.

Este maravilloso lugar ha sido denominado como Marduk, cuyo nombre tiene relación con el Dios supremo de Babilonia, correspondiente a Baal, quien fue venerado desde la primera dinastía (siglo XIX a. C.) hasta la caída del imperio caldeo

(525 a. C.), pero ¿quién era el dios Baal?; en la mitología, es el *Nombre dado en Siria y Palestina a numerosas divinidades particulares localizadas en árboles, fuentes, cumbres, rocas, etc. En Siria es el nombre propio de una importante divinidad: el señor del cielo. En Ugarit se encontró una imagen de este dios del siglo XIV a. C. En época más tardía aparece la denominación Baal-Samen, divinidad que está estrechamente relacionada con el babilónico Bel- Marduk...*(Año/Cero 1999).

Este nuevo concepto de paraíso, es un lugar situado en otra dimensión, recuerde que nosotros los que habitamos este planeta somos tridimensionales y Marduk no corresponde a estas características. Según algunas corrientes filosóficas, principalmente en oriente y actualmente muy extendida en occidente, quienes mueren se liberan de su cuerpo material y su alma o espíritu puede dar un salto hacia este mundo semimaterial, al mundo llamado Marduk.

El célebre Thomas Alva Edison, (1847-1931), físico e inventor estadounidense, creador del teléfono y el fonógrafo, por mencionar sólo algunas de sus múltiples creaciones, dijo en 1920, en referencia a la capacidad de los espíritus de poder comunicarse con los vivos de este mundo:

*Si la personalidad sigue existiendo después de lo que llamamos muerte, resulta razonable deducir que quienes abandonan la Tierra desearían comunicarse con las personas que han dejado aquí... Si pudiéramos crear un instrumento tan sensible como para ser afectado, movido o manipulado por nuestras personalidad —tal como ésta sobrevive en la otra vida—, semejante instrumento, cuando dispongamos de él, tendría que registrar algo.*

Y efectivamente, con la sensibilidad de los aparatos electrónicos mencionados, tal parece que los espíritus han logrado crear una especie de estación transmisora que logra unir estos dos mundos diferentes en tiempo y espacio, pero ¿cómo es este paraíso de transición? Veamos a continuación cómo lo describen quienes han llevado a cabo supuestos contactos con esas almas que habitan Marduk:

"Se trata de un mundo también material donde renace quien muere en la Tierra y adopta una nueva vida y nuevas obligaciones, como un estadio más dentro de la progresiva evolución. Un mensaje recibido por Maggy y Jules Harsch-Firschbach ofrece algunas pinceladas al respecto:

*Nosotros tenemos un cuerpo como el de ustedes, pero que se origina sobre la base de vibraciones más finas... Aquí no existen enfermedades; los miembros que faltan crecen nuevamente. Los cuerpos que en la Tierra estaban atrofiados, aquí son regenerados... Las personas que mueren en la Tierra con una edad avanzada llegan aquí totalmente conscientes, después de un sueño reparador. Ese sueño de reposo tiene una duración terrestre de cerca de seis semanas, aunque en algunos casos puede durar un poco menos. Los niños que llegan son cuidadosamente recibidos y atendidos por sus parientes fallecidos. Los pequeños crecen y continúan desarrollándose hasta alcanzar una edad media de 25 a 30 años. Vivimos en compañía de otras formas de vida, con seres humanos que antes de la muerte física habitaban otros planetas... Los paisajes son impresionantemente bellos... La amistad y la camaradería son algunos de los valores que continúan siendo cultivados en este mundo.* (Año/Cero, noviembre/99).

Otras comunicaciones han permitido establecer que quienes llegan a Marduk conservan sus características y personalidad, además de que todos son jóvenes, si llegan ancianos recuperan sus juventud y como ya se menciona en el párrafo anterior, los niños crecen hasta un máximo de 30 años. En este hermoso lugar da inicio el verdadero aprendizaje para superar limitaciones. A este planeta-paraíso lo iluminan y calientan tres soles y posee una luna que lo orbita; al planeta lo cruza un gran río llamado "De la Eternidad", en sus riveras viven grupos de entidades que pueden ser muy diferentes entre sí, pero con un mismo grado evolutivo.

Todo este paraíso sigue un "orden natural y sus habitantes están subordinados a pautas evolutivas, tal es el caso de los mismos animales y plantas, ellos también dan ese salto evolutivo o dimensional, por ello, Marduk tiene la más rica y variada cantidad de animales y vegetales que se pueda imaginar mortal alguno, sin embargo, aquí nadie muere ni mata a otros para procurarse alimentos, todo es tan abundante que la convivencia entre seres inteligentes, animales y vegetación se da en toda la extensión de la palabra, no hay temores entre habitantes y los miedos han desaparecido totalmente". (Idem)

Según la Transcomunicación instrumental, Marduk no es exclusivo para humanos, también lo habitan seres de otros planetas del cual llegan para continuar su evolución espiritual. Si recordamos algunas experiencias cercanas a la muerte de la mayoría de las personas que la han experimentado, ellas comentan que después de salir del túnel oscuro y de llegar a la luz, empiezan a ver a sus familiares y amigos que tuvieron en vida y que fallecieron antes que ellos; pues bien, la recepción en Marduk es muy parecida a la descrita, ya que los recién llegados siempre son arropados por estos seres que los instruyen sobre los distintos aspectos de su nueva vida. Generalmente los nuevos y los instructores son personas con afinidades culturales y espirituales facilitando el entendimiento entre todos.

Después de pasado un tiempo de vivir en este maravilloso mundo, muchos consideran su paso por la Tierra como un mal sueño, otros conservan algunas costumbnres y llegan a entablar una relación sentimental y hasta sexual, pero como aquí no es posible la procreación, no tienen consecuencia de embarazo esas relaciones ya que la población únicamente aumenta cuando llegan otros seres fallecidos y disminuye cuando otros avanzan en su camino evolutivo y pasan a otros mundos.

Sin embargo, el acceso a Marduk no es directo después de fallecer; el primer plano es un sueño reparador ya descrito, después se pasa a un lugar llamado Hades (Divinidad griega, descendiente de Cronos y Rea, dios de los muertos, señor de las regiones subterráneas y de los infiernos. También era el lugar donde habitaban los seres buenos y malos que habían traspasado el umbral de la muerte), una rara combinación de infierno o purgatorio, en este caso significan lo mismo y se conservan muchas de las características menos evoluciona-das y en el tercer plano esta el acceso a Marduk, con todas las particularidades que ya hemos visto.

En este mundo realmente hermoso, el tiempo deja de tener importancia total, ya que está habitado por seres con muchos años de fallecidos, siglos incluso o por recién llegados, to-dos buscando una evolución que los llevará finalmente has-ta la verdadera luz divina, la del creador, la de Dios, la del Gran Arquitecto del Universo, la de Alá, la de Yavé, la de Jesucristo, la de Krishna, la de la naturaleza o simplemente del creador del cosmos y todos sus habitantes; no importa cómo se le denomine, tal parece que la evolución nos permitirá ser dioses a nosotros, pero no en el sentido de serlo realmente, sino el de estar integrados a esa fuerza divina y vital.

Si Marduk no es ninguna fantasía y realmente existe en nuestro futuro después de la muerte, es un verdadero paraíso para evolucionar, cabe una pregunta futurista: ¿si Marduk es un verdadero Edén y apenas es uno de los primeros pasos evolutivos en nuestro aún muy largo peregrinar por mundos diferentes, cómo serán esos otros planos y mundos después de Marduk?, deben ser lo más cercano al cielo y a la divinidad, cualesquiera que sean nuestros conceptos de ellos.

## Contactos espirituales

En la revista Año/Cero de febrero del 2000, se mencionan estadísticas al respecto de contactos de espíritus con personas vivas, lo cual nos ubica en que, si existen realmente esos espíritus, por lógica tienen que estar en "algún sitio", veamos las siguientes cifras:

**Europa**: En Islandia, el 31% de la población afirma haber tenido contacto con muertos, según una encuesta del Dr. Haraldsson. Los viudos y viudas que habían perdido a una persona muy significativa para ellos informaron haber tenido encuentros con sus cónyuges fallecidos con una frecuencia el doble de la usual: 51%.

**EUA**: En una encuesta a nivel nacional dirigida por Andrew Greely, del Centro Nacional de Investigación de la Opinión de la Universidad de Chicago, se preguntó a una muestra representativa de 1,476 ciudadanos: ¿Ha sentido alguna vez que estaba en contacto con alguien que hubiera muerto? La respuesta fue afirmativa en un 27% de los casos. Greely afirmó: "Cincuenta millones de norteamericanos tienen esas experiencias ocasionalmente y seis millones las tienen a menudo".

Aunque en México no se llevan a cabo estas estadísticas, podemos afirmar que una gran mayoría de mexicanos creemos en la inmortalidad del alma, en que hay un lugar al que se va después de morir, en un posible encuentro con nuestro

Dios y a disfrutar de un paraíso, pero no tenemos la seguridad de que haya otros lugares intermedios, apenas estamos en esa etapa de "descubrimiento", pero sí existe algo en lo que parece ser que realmente no tenemos duda, **hay vida después de la muerte.**

# Reencarnación

*Marco Antonio Gómez Pérez*

Con seguridad, en algunas ocasiones ha pasado por nuestras mentes la posibilidad de que reencarnaremos en otro tiempo, lugar y circunstancias, pero para la mayoría de los que profesan alguna religión cristiana y algunas otras que no creen en la reencarnación (ellas admiten en la resurrección de la carne, es decir, en el revivir de los muertos, aunque hay que tomarlo más en consideración hacía el alma que en un verdadero resurgir de la misma carne en un mismo cuerpo). Esta es una posibilidad que desde hace miles de años ha estado latente en muchísima gente en todo el mundo y en todos los tiempos, y la que tiene un concepto muy definido de la reencarnación es la cultura hindú, la cual es un proceso de muertes, reencarnaciones, otros cuerpos, otras vidas; es una creencia especial compartida por millones de personas en el mundo: la inmortalidad del alma.

El ejemplo más claro de este pensamiento son las sucesivas reencarnaciones del actual líder espiritual de los lamas, el Dalai, quien es considerado como la reencarnación decimocuarta de Avalokitesvara, una de las divinidades budistas.

Otro caso conocido de reencarnación es el del canadiense Elaja, (su madre Carol Luckhurst y su esposo se convirtieron al budismo tres años antes de que él naciera) quien desde muy pequeño sintió que era la reencarnación de Getse Shatse, un budista lama quien vivió en el Tíbet en los años cincuenta. El pequeño aprendió el idioma de los lamas, vivió en el Tíbet varios años y se convirtió en una especie de líder para su "generación", el reencarnado tomó el nombre Tenzin Sherab Ary y está plena y totalmente convencido de que lo que le sucede es real.

Para budistas y tibetanos, la reencarnación es tan evidente como que existen la luna y las estrellas. Ellos han analizado sistemáticamente la mente humana y el proceso de la muerte desde el siglo VII a. C. y tienen miles de casos documentados sobre los recuerdos de vidas pasadas de la gente. El alma humana es una fuente de energía que sobrevive aún después de que el cuerpo expira.

En la emisión del programa *Lo Inexplicable: Reencarnación,* de Mundo Olé, Robert Thurman, profesor de estudios sobre el budismo de la universidad de Columbia comenta: *Es un proceso científico, ellos han explorado e investigado este campo en personas y recuerdan la transición entre estos campos* (La rueda de la vida: Muerte-reencarnación-vida) *y por lo tanto tienen evidencia experimental.*

Dentro de la misma emisión, comentan que se cree que hay un posible caso de reencarnación, cuando algunas personas empiezan a describir lugares y gente nunca vistos y además, a través de conocer vidas pasadas podemos lograr que desaparezcan algunas de nuestras enfermedades.

Otro ejemplo, (dentro de la transmisión del canal Mundo Olé) de posible reencarnación lo sufre Jenny Cockell, nacida en 1953 al sur de Inglaterra y quien desde los 5 años dice que la invaden visiones de su muerte anterior, estas manifestaciones comienzan siendo sueños y después en estado consciente. Recuerda la vida de una señora irlandesa de nombre Mary Sutton, quien muere 21 años antes de que Jenny nazca. Mary luchaba por vivir junto a sus ocho hijos. Ella muere en una sencilla habitación de hospital. Jenny empieza dibujando "su casa" de la otra vida en Irlanda, en un poblado de nombre Malahide. Los recuerdos de Jenny son frecuentes, insistentes y consistentes, nunca cambian, al contrario cada vez "descubre" más detalles.

Con la ayuda de la hipnosis regresiva, Jenny logra recordar con detalle esa vida pasada. Mary Sutton muere en 1932, dejando 8 niños en la orfandad y tras 60 años de separación de los hermanos, logran reunirse cinco de los hijos sobrevivientes con su "madre", Mary reencarnada en Jenny.

Con el descubrimiento de la hipnosis y ese sentimiento tan especial que nos queda después de un *Dèjá Vu*, (cuando tenemos la tremenda sensación de que ya hemos estado en un lugar o reconocido a personas que físicamente nunca habíamos visto, recuerdos del futuro, por raro que parezca) la posibilidad de la reencarnación permite, al menos, una posible respuesta a este sentimiento. Por su parte, la hipnosis regresiva facilita el "descubrir" vidas pasadas en las personas aunque los científicos ortodoxos no creen ni en las cualidades del hipnotismo, ni mucho menos en las vidas pasadas de la gente, y afirman que son únicamente ilusiones de los hipnotizados y que son manipulados por los hipnotistas para obtener historias sensacionalistas.

Para algunos estudiosos escépticos de la reencarnación, la mayoría, sino es que todos los casos de este tipo se dan por una falsa memoria, es decir, por la influencia ambiental que hay sobre ellos aún desde antes de nacer y como consecuencia, "tienen recuerdos de otras vidas", pero de las que escuchó aún siendo un feto. Con este tipo de respuestas queda la duda de si no es más fantasiosa la explicación de los científicos que la de los creyentes reencarnacionistas.

Otros investigadores de la memoria dicen que esta no funciona como una grabadora que reproduce los hechos con forma cronológica, en su lugar, cuenta con fragmentos (de historia) que pueden ser fácilmente distorsionados por el paso del tiempo y las nuevas experiencias. Escépticos reiteran que esos recuerdos pueden ser por el medio ambiente, que es el que crea situaciones extrañas y puede influir en la mente de los niños, principalmente. Para el religioso fray Gerard Young de la Iglesia de San Silvestre, en Malahide, "este caso (el de Mary y Jenny) no es de reencarnación sino de un mensaje de Dios a través de Jenny para reunir a la familia y supieran que todos están bien".

No olvidemos que nuestros antepasados, los pobladores de nuestro país antes de la llegada de los españoles, creían firmemente en que "los príncipes, los nobles, los guerreros caídos en el combate y las víctimas de los sacrificios, renacían después de haber pasado una temporada en el paraíso oriental del dios Dol, convertidos en pájaros de brillante y colorido plumaje, o como nubes o piedras preciosas. Las personas de condición más baja se convertían en comadrejas, bestias malolientes o abejas. Las mujeres que morían durante el parto iban al paraíso occidental del Sol, y podían regresar convertidas en mariposas nocturnas. Otros recipientes de las almas humanas eran los halcones y las águilas..." (*Reencarnación,* David Christie-Murray).

# Filosofía hindú

A lo largo de siglo XX, el conocimiento y aceptación de varias filosofías orientales, entre ellas la hindú y la propagación de la obra de Siddharta Gautama, mejor conocido como Buda (no se saben con exactitud las fechas de nacimiento y muerte de este personaje pero se creé que fueron de 560 a 480 a.C.) han logrado la difusión de este conocimiento del budismo que aparece de lleno la creencia en la reencarnación, en la transmigración de las almas, es decir, el paso del alma de un cuerpo a otro, después de morir un ser material, el alma ocupa otro cuerpo y en muchas ocasiones, no humano.

Por esto es necesario que conozcamos cuál es el concepto del alma de la filosofía hindú, plasmado en el libro *Bhagavad-Gita*, (esencia de todo el conocimiento védico y que significa *Bhagavad, Personalidad del Señor* y *Gita canto,* es decir: *El canto de la Suprema Personalidad de Dios*) considerado como un episodio de la historia épica sánscrita (lengua literaria clásica) del mundo antiguo, *El Mahabhara*ta.

En él, Dios Krisna orienta al militar Arjuna, quien se niega a seguir peleando en una guerra en la que tiene que matar a parientes y amigos; leamos lo siguiente, Texto 20: **Para el alma no existe el nacimiento ni la muerte en ningún momento. Ella no ha llegado a ser, no llega a ser y no llegará a ser. El alma es innaciente, eterna, permanente y primordial. No se le mata cuando se mata el cuerpo.** Este texto, según Su Divina Gracia, Bhaktivedanta Swami Pradhupada, sucesor 32 de Krisna significa que:

*...El alma no nace, pero como toma un cuerpo material, el cuerpo nace. El alma no nace allí y no muere. Todo el que nace también tiene que morir y como el alma no nace, por ende no tiene pasado, presente ni futuro. El alma es eterna, perenne y primordial, es decir, en la historia no figura ningún indicio de cuándo comenzó a vivir... el alma no envejece en ningún momento, como ocurre con el cuerpo... los cambios del cuerpo no afectan al alma. El alma no se deteriora como un árbol... el alma tampoco tiene los subproductos del cuerpo, es decir, los hijos, que son también almas individuales diferentes... El cuerpo se desarrolla por la presencia del alma, pero el alma ni tiene vástagos ni cambia. En consecuencia, el alma está libre...*

Otro pasaje del libro sagrado amplía al respecto de la reencarnación en su texto 27, que dice: **Aquel que ha nacido, es seguro que va a morir, y, después de morir, es seguro que uno volverá a nacer. Por consiguiente, en el ineludible desempeño de tu deber, no debes lamentarte.**

Este texto significa que: *Uno tiene que nacer de acuerdo con las actividades que ha realizado en la vida. Y, después de terminar un periodo de actividades, se tiene que morir, para volver a nacer y comenzar otro periodo. De ese modo gira el ciclo del nacimiento y la muerte, fase tras fase, sin liberación. Este ciclo del nacimiento y la muerte no respalda, sin embargo, el asesinato, la matanza de animales y la guerra innecesaria.*

En el texto 39 Krisna explica a Arjuna que: *...al matar el cuerpo de su abuelo, no mataría el alma en sí, y le explicó que todas las personas individuales, entre ellas el mismo Señor, son individuos eternos: Fueron individuos en el pasado, son individuos en el presente y continuarán siendo individuos en el futuro, porque todos nosotros somos almas individuales eternamente... nosotros tan sólo cambiamos nuestros trajes corporales de diferentes maneras, pero de hecho mantenemos nuestra individualidad, incluso después de liberarnos del cautiverio del traje material.*

Estos conceptos del Bhagavad-Gita son muy interesantes, ya que explican en qué reencarnaremos, según hayamos vivido en la Tierra con nuestro cuerpo, el texto 15 del capítulo 14 Krisna dice: **Cuando uno muere en el plano de la modalidad de la pasión, nace entre aquellos que se dedican a las actividades fruitivas; y cuando uno muere en el plano de la modalidad de la ignorancia, nace en el reino animal.**

Esto viene a establecer que: *Algunas personas tienen la impresión de que cuando el alma llega al plano de la vida humana, nunca vuelve a descender. Eso es incorrecto. Según este verso, si uno cultiva la modalidad de la ignorancia, al morir es degradado a una forma de vida animal. De ahí uno tiene que elevarse de nuevo, por medio de un proceso evolutivo, para volver a llegar a la vida humana. Por lo tanto, aquellos que verdaderamente toman en serio la vida humana, deben trascender las modalidades y situarse en el plano de conciencia de Krisna. Ése es el objetivo de la vida humana. De lo contrario, no hay ninguna garantía de que el ser humano vaya a llegar de nuevo a la categoría humana.*

Hasta aquí el pensamiento de Krisna y la filosofía hindú, pero ¿qué ha pasado de dos mil años hasta nuestros días? Las religiones cristianas definitivamente no creen en la reencarnación, pero sí en una resurrección, sin embargo y a pesar de las condenas del clero católico, en la actualidad, la creencia se generaliza cada vez más hacia la reencarnación que a la resurrección, ya que muchos cristianos, a pesar de su fe en Jesucristo, creen o cuando menos dudan de que el paso siguiente del espíritu, después de la muerte, sea un juicio sobre las acciones generales de nuestra vida; dependiendo de si se fue bueno, regular o malo y de las circunstancias particulares del fallecimiento, se irá al cielo a disfrutar del paraíso, al purgatorio a expiar culpas perdonables o definitivamente al infierno, para sufrir los tormentos eternos, por siempre y para siempre.

El concepto de la reencarnación no es nuevo en la mayoría de las civilizaciones del mundo, tal vez la olvidamos cuando las religiones, sobre todo las cristianas, invadieron gran parte de las culturas occidentales y sus habitantes tuvieron que callar o perecer en hogueras tras terribles tormentos otorgados por la nada Santa Inquisición.

El mencionado Christie Murray comenta en su libro *Reencarnación: Hubo tres armas que mataron la idea de la reencarnación en el pensamiento occidental hasta que el Renacimiento liberó las mentes de los hombres... La primera fue su condena por parte de un concilio celebrado en Constantinopla en el año 543... La segunda arma fue la condena implícita en la metempsicosis* (hacer pasar un alma a un cuerpo distinto)*, establecida por el concilio de Lyon (1274) y por el de Florencia (1439)... La tercera arma fue la persecución, especialmente la llevada a cabo por la Inquisición, y la supresión de la ideas por la fuerza de las armas.*

Así, únicamente las culturas orientales conservaron esta creencia de la reencarnación y es hasta finales del siglo XIX y principios del XX que los occidentales voltean sus ojos hacia las creencias milenarias, principalmente al hinduismo, budismo e islamismo y retoman sus milenarias enseñanzas.

Lo que si es seguro es que no hay nada que pruebe al 100% la reencarnación, pero ¿qué hay que pruebe la existencia del cielo, infierno, paraíso y un largo etcétera? La única conexión entre todos ellos, sin duda, es la muerte.

# Paraíso o infierno

*Marco Antonio Gómez Pérez*

*"Si no morimos como vivimos es porque
realmente no fue nuestra la vida que vivimos:
no nos pertenecía como no nos pertenece
la mala muerte que nos mata.
Dime cómo mueres y te diré quién eres."*

Octavio Paz

**P**ara las religiones cristianas solamente existen tres posibilidades de vida después de la muerte, la primera, si se ha sido malvado, asesino, ladrón, envidioso, egoísta, presuntuoso, etcétera, el infierno es la única posibilidad para sufrir tormentos eternos entre fuego y verdugos que harán padecer los peores castigos a esas almas pecadoras. Otra posibilidad es la de, si se fue entre bueno o malo y no se cumplieron algunos de los ritos litúrgicos, como el bautizo o la confesión antes de morir, el alma va a parar a un lugar de eterna oscuridad; el purgatorio, en el que sí puede haber perdón divino pero del que no se sabe cuándo; y finalmente, para quienes han sido buenos en todos los órdenes del sentimiento humano, está el paraíso o cielo, en donde las almas se integran a la luz de Dios y en donde serán siempre felices, por los siglos de los siglos.

# Infierno o purgatorio

"El infierno, concebido como lugar de castigo, fue el resultado inevitable del cielo compensatorio, como el Purgatorio de la necesidad política de dar a la Iglesia un poder efectivo y temible para administrar el acceso al cielo. Si a los justos y fieles les aguardaba un Paraíso, a los malvados debía aguardarles un castigo y a los no bautizados una condición lamentable. La idea perduró mucho más en la catequesis popular que en la consideración del pensamiento religioso culto. Cuando triunfa el cielo humano de los siglos XVIII y XIX, el Infierno empieza a disolverse. Aunque se acepte su existencia efectiva, se le redefine como una situación (estar privado de la presencia de Dios), al mismo tiempo que desaparecen los aspectos aterrorizantes. Cada vez se le identifica más como muerte eterna, o bien, como en el caso de Joseph Smith, (fundador de los mormones) con una existencia degradada y significativamente descorporeizada. (Año/Cero, noviembre 1999).

La palabra infierno viene del latín *infernu-infer,* inferior, debajo de... En la creencia romana, el infierno tenía un sentido cosmológico y se refería a la parte subterránea del mundo; en ella se encontraban los dioses de la muerte, *inferi* o *inerni* separados de los dioses *superi*, localizados en el cielo. En el hebraísmo (sistema religioso de los judíos instituido por Moisés) la idea de una vida ultraterrena no es muy precisa: los muertos se reúnen en el *sê'ol*, inmensa caverna subterránea en la que viven como aletargados, sin conciencia y voluntad. Esta concepción se precisa más en la literatura profética, y en la época de los macabeos (alrededor de 150 a.C.) surge, junto a la idea de la resurrección, la concepción de un estado diferenciado para los justos y de otro para los condenados. En la predicación de Jesús se hace la contraposición entre la *Gehena,* (Infierno. También es un valle de la antigua Palestina, donde los israelitas ofrecían sus sacrificios a Moloc. El rey Josías ordenó que se depositaran en el valle las inmundicias de la ciudad. Desde entonces su nombre fue para los judíos considerado como sinónimo de infierno) lugar de condenación y el estado de felicidad de los justos en el reino de Dios.

En el cristianismo primitivo se refuerza la creencia en dos reinos ultraterrenos, ambos eternos; Orígenes, (escritor griego y doctor de la iglesia. 185?-254? d. C.) discrepando de esta opinión general, consideró que la eternidad de las penas infernales era contraria a la bondad divina y prefirió pensar que todas las almas conservarían su libre albedrío después de la muerte y volverían a Dios una vez purificadas, es decir, creía en la preexistencia de las almas inteligentes y en el restablecimiento final de todas ellas en la amistad de Dios. Esta doctrina, llamada apocatástasis, fue condenada por el concilio de Constantinopla II.

La teología católica ha distinguido una doble pena para los condenados: la de daño o privación de la vista de Dios y la de sentido, tormento por el fuego. Algunos teólogos han sostenido que se trataba de un fuego metafórico, pero la mayoría ha aceptado su materialidad aunque considerándolo como un fuego diferente del de la experiencia terrena. La teología actual insiste más en el aspecto positivo del mensaje de Cristo que primordialmente anuncia la liberación del yugo del pecado y la voluntad de Dios Padre de que todos se salven. Sin negar la existencia del infierno aconseja al cristiano que busque los móviles de su acción más en el amor que en el temor. Las afirmaciones del Nuevo Testamento sobre el infierno pretenderían aclarar la situación y existencia presente del hombre, que implica la posibilidad real de un fracaso eterno, en virtud de su libertad que puede rechazar a Dios; fracaso eterno, que es a la vez una situación de pecado eterno, acompañada de la clara percepción de la exclusión del amor que representa. El Catecismo Holandés aconseja no dejar de presentar la doctrina del infierno a los niños, pero sin presentárselo como una amenaza, ya que son ellos precisamente los que no pueden endurecer su corazón. (Lexis 22)

# Infierno católico

En el nuevo Catecismo de la Iglesia Católica, publicado en 1992, y que provocó muchos comentarios y continúa haciéndolo, ejemplifican qué es el infierno: IV-1861 "Morir en pecado mortal sin estar arrepentido ni acoger el amor misericordioso de Dios, significa permanecer separados de Él para siempre por nuestra propia y libre elección. Este estado de autoexclusión definitiva de la comunión con Dios y con los bienaventurados es lo que se designa con la palabra infierno".

En otro párrafo, en el 1034, se comenta: "Jesús habla con frecuencia de la gehenna y del fuego que nunca se apaga reservado a los que, hasta el fin de su vida rehuían creer y convertirse, y donde se puede perder a la vez el alma y el cuerpo. Jesús anuncia en términos graves que "enviará a sus ángeles que recogerán a todos los autores de la iniquidad..., y los arrojará al horno ardiendo" y que pronunciará la condenación: "¡Alejaos de mí, malditos al fuego eterno!" Por si faltara alguna aclaración, en el párrafo 1035 redunda: "Las enseñanzas de la Iglesia afirman la existencia del infierno y su eternidad. Las almas de los que mueren en estado de pecado mortal descienden a los infiernos inmediatamente después de la muerte y allí sufren las penas del infierno, "el fuego eterno". La pena principal del infierno consiste en la separación eterna de Dios en quien únicamente puede tener el hombre la vida y la felicidad para la que ha sido creado y a las que aspira."

Ese terrible lugar llamado infierno, según las Revelaciones de San Pedro, es un lugar en que algunos condenados son colgados de la lengua, algunas mujeres, suspendidas de los cabellos, siendo eternamente carcomidos por gusanos. A pesar de todos los sufrimientos imaginarios o reales que se "practican" en el averno, Juan Pablo II trata de que esta visión de tormentos infernales eternos no continúe, por lo que aclara que: *El horno en llamas o el estanque de fuego donde reina el rechinar de dientes NO son algo verídico, sino simbólico.* Esta oportuna intervención del Papa permite aclarar dos puntos fundamentales en torno al infierno:

1. Nadie ha explicado cómo es posible que algo o alguien que no tiene materia pueda sufrir dolor físico, aunque se puede manejar como 'un milagro' divino para castigar sin piedad a los impíos.
2. Un infierno de tales magnitudes no es compatible con la creencia en la infinita misericordia de Dios, ya que no es justo recibir un castigo eterno por una vida totalmente efímera y finita.

# Purgatorio

Este concepto fue adaptado por los cristianos varios siglos después de su fundación como religión, ya que no 'habían tomado en cuenta que nadie es totalmente bueno ni absolutamente malo, entonces se necesitaba un sitio intermedio que sirviera para "purgar" los pecados y así nace este concepto, que básicamente consiste en: "El proceso purificativo de las almas hasta que puedan llegar a la eterna bienaventuranza. Aunque el magisterio de la Iglesia confiesa su existencia, ni la Biblia ni el propio magisterio definen su estructura. Los teólogos disienten en cuanto a su naturaleza y algunos llegan a negar su existencia. La mayoría asegura que es necesario un serio estudio de las fuentes escriturísticas al respecto y la revisión de las creencias tradicionales". (Lexis 22)

Por su parte, en el multicitado Catecismo Católico, párrafo 1030 dice al respecto del purgatorio: *Los que mueren en la gracia y en la amistad de Dios, pero imperfectamente purificados, aunque están seguros de su eterna salvación, sufren después de su muerte una purificación, a fin de obtener la santidad necesaria para entrar en la alegría del cielo.* y agrega el 1031: *La Iglesia llama Purgatorio a esta purificación final de los elegidos que es completamente distinta del castigo de los condenados. La Iglesia ha formulado la doctrina de la fe relativa al Purgatorio sobre todo en los Concilios de Florencia y de Trento. La tradición de la Iglesia, haciendo referencia a ciertos textos de la Escritura habla de un fuego purificador.*

Es decir, es un lugar en el cual no habrá luz sino hasta haber expiado todos los pecados cometidos en vida, hasta entonces, quienes todavía tienen 'posibilidades' de salvar su alma, pasarán mucho tiempo en un lugar donde no hay sufrimiento y sí una oscuridad total.

# Cielo o paraíso

*Esa suprema morada mía*
*no está iluminada por el Sol ni la Luna,*
*ni por el fuego, ni por la electricidad.*
*Aquellos que llegan a ella,*
*nunca regresan a este mundo material.*
Krisna

La palabra cielo viene del latín *coelu* y según el Antiguo Testamento "es La morada de Dios. Hasta los siglos III-II a.C. no pensaron que fuera la morada de los que morían;

estos iban al Sheol, lugar subterráneo en el que dormían sin dolor y sin gozo, sin premio, sin castigo. En el judaísmo posterior pasó a ser considerado el lugar de los justos, resucitados para vivir con Dios. El cristianismo lo consideró como el lugar de premio para los creyentes y seguidores de Cristo. La teología escolástica elaboró una doctrina muy detallada sobre el cielo, en él los bienaventurados gozan de la visión beatífica de Dios, visión que va acompañada de amor y de gozo infinitos en una posesión perfecta. Desechada la visión tripartita del universo (cielo, tierra, infierno) el cielo dejó de ser considerado un lugar y fue concebido como un estado. El islamismo, influenciado por el judaísmo y el cristianismo, considera el cielo como un lugar de gozo y alegría. En el Corán se habla de un paso por el infierno antes que el creyente pueda llegar al cielo. En el budismo ortodoxo se habla más bien de Nirvana, estado de extinción total de los deseos. En el hinduismo existen concepciones diversas: algunos de ellos creen en un cielo en el que no hay ni sufrimiento ni muerte, y en el que se vive en la luz eterna de Visnú". (Lexis 22)

Una vez más, el Catecismo Católico define así qué es el cielo en los párrafos1023 y otros: "...Las almas de todos los santos... y de todos los demás fieles muertos después de recibir el bautismo de Cristo en los que no había nada que purificar cuando murieron...; o en caso de que tuvieran o tengan algo que purificar, una vez que estén purificados después de la muerte... aún antes de la resunción de sus cuerpos y del juicio final, después de la Ascensión al cielo del Salvador, Jesucristo, Nuestro Señor, estuvieron, están y estarán en el cielo, en el Reino de los cielos y paraíso celestial con Cristo, admitidos en la compañía de los ángeles. Y después de la muerte y pasión de Nuestro Señor Jesucristo vieron y ven la divina esencia con una visión intuitiva y cara a cara, sin mediación de ninguna criatura".

1024: "Esta vida perfecta con la Santísima Trinidad, esta comunión de vida y de amor con ella, con la Virgen María, los ángeles y todos los bienaventurados se llama 'cielo'. El cielo es el fin último y la realización de las aspiraciones más profundas del hombre, el estado supremo y definitivo de dicha."

1025: "Vivir en el cielo es 'estar con Cristo'. Los elegidos viven 'en Él', aún más, tienen allí, o mejor, encuentran allí su verdadera identidad, su propio nombre".

1027: "Este misterio de comunión bienaventurada con Dios y con todos los que están en Cristo sobrepasa toda comprensión y toda representación. La escritura nos habla de belleza en imágenes: vida, luz, paz, banquete de bodas, vino del reino, casa del Padre, Jerusalén celeste, paraíso: 'Lo que ni el ojo vio, ni el oído oyó, ni al corazón del hombre llegó, lo que Dios preparó para los que le aman'."

## Creencia hindú

También los hinduistas tienen un concepto del cielo aparecido en el Bhagavad-Gita, mencionado en el capítulo anterior, en el cual, Krisna aconseja a Arjuna al respecto del lugar a dónde van algunas almas en cierto grado de evolución: Texto 15 del capítulo 14: **Cuando uno muere en el estado de la modalidad de la bondad, va a los planetas superiores y puros de los grandes sabios.**

Este texto significa, nuevamente según Su Divina Gracia, Bhaktivedanta Swami Pradhupada, que: *Aquel que está en el plano de la bondad va a los sistemas planetarios superiores, tales como Brahmaloka o Janoloka, y disfruta ahí de felicidad divina... quiere decir, libre de las modalidades de la pasión y la ignorancia. En el mundo material hay impurezas, y la modalidad de la bondad es la forma de existencia más pura que hay en él. Existen diferentes clases de planetas para diferentes clases de entidades vivientes. Aquellos que mueren en el plano de la modalidad de la bondad, son elevados a los planetas en donde viven grandes sabios y grandes devotos.*

Este texto nos ubica en que el planeta Tierra es considerado como un planeta "inferior" y una de las acepciones de la palabra "infierno" es esa, literalmente, "inferior", es decir, la Tierra viene siendo una especie de infierno por estar en un nivel muy bajo en relación a otros, y los que habitamos este mundo, probablemente estamos purgando una condena por no haber evolucionado hacia planetas superiores o cielos. Pero si no es explícito el texto anterior, en el número 18 del mismo capítulo 14 encontramos el siguiente: **Aquellos que se encuentran en el plano de la modalidad de la bondad, gradualmente ascienden a los planetas superiores; aquellos que están en el plano de la modalidad de la pasión, viven en planetas terrenales; y aquellos que están en el plano de la abominable modalidad de la ignorancia, descienden a los mundos infernales.**

El significado de lo anterior es el siguiente: *...Existe un sistema planetario superior, integrado por los planetas celestiales, donde todo el mundo es muy elevado... la modalidad de la pasión es mixta... Una persona no siempre es pura, e incluso si lograra estar puramente en el plano de la modalidad de la pasión, tan sólo permanecería en esta Tierra como un rey o como un hombre rico. Pero como hay mezclas, uno también puede descender. La gente de esta Tierra, que se halla en la modalidad de la pasión o de la ignorancia, no puede ir a la fuerza a los planetas superiores por medio de máquinas. En el plano de la modalidad de la pasión también hay la posibilidad de volverse loco en la siguiente vida.*

La cualidad más baja de todas, la modalidad de la ignorancia, se describe aquí como abominable. El resultado de cultivar la ignorancia es sumamente arriesgado. Ésta es la cualidad más baja de la naturaleza material. Por debajo del nivel humano hay ocho millones de especies de vida —aves, bestias, reptiles, árboles, etc.— y conforme al desarrollo de la modalidad de la ignorancia, la gente es bajada a esas condiciones abominables... aquel que no aprovecha esa oportunidad, permanecerá con toda certeza en el seno de las modalidades inferiores.

Algunos estudiosos de los extraterrestres y de sus posibles civilizaciones, deducen que para ellos la reencarnación se da y siempre es hacia arriba, es decir, no hay retroceso como con los hindúes, a lo más, existe el estancamiento evolutivo, por lo que al morir, reencarnará casi bajo las mismas condiciones familiares y sociales en las que murió.

Otros estudiosos dicen que en cada proceso vida-muerte-reencarnación, el que va a reencarnar puede elegir a sus padres, según el aspecto en que necesite evolucionar; por ejemplo, si es necesaria mayor humildad, eligirá como padres unos que no tengan dinero; si por el contrario, necesita conocer y vivir el amor hacia las mujeres, seguramente su forma de ser "en vida", será la de alguien que no tiene "suerte" con representantes del sexo femenino, y así en cada asunto a evolucionar; por lo que ese dicho de los jóvenes: *Yo no pedí nacer* no es aplicable.

Este proceso de reencarnación eligiendo los padres no es sencillo, ya que la combinación de los padres, a quienes se les asigna una especie de número, debe coincidir con el que desea reencarnar, por ejemplo, unos padres cuyos números sumados es 21, debe coincidir con el de quien reencarnará, no puede hacerlo con parejas que tengan otros números diferentes al mencionado. Esto puede parecernos una tontería, pero hay mucha gente que si lo cree sin importarles el "qué dirán" y viven de acuerdo a sus ideas y convencimientos y nuestros deber es respetar la libertad de creencia y pensamiento.

Hasta aquí este trabajo en torno a la muerte, los autores hemos presentado únicamente algunos de los aspectos más importantes de lo que piensan y experimentan los vivos en torno a la muerte. Sabemos que dejamos fuera otros más, pero quisimos incluir en esta obra los más representativos, los que vivimos todos los días, las de culturas tan lejanas físicamente de nosotros, pero con costumbres asombrosamente similares a las nuestras, sobre todo, cuando de adorar a nuestros muertos y de venerar el alma de los difuntos se trata. En eso, casi todos los habitantes del mundo coincidimos, respetamos a los muertos, tememos a la muerte y esperamos una mucho mejor calidad de vida después de fallecer, en estos tres puntos, no hay diferencias culturales, sino una total coincidencia del pensamiento humano.

# Bibliografía

Alighieri, Dante. *La Divina Comedia y La Nueva Vida.* Colección "Sepan cuantos...". Décima séptima edición. Editorial Porrúa, S. A., México, D. F., 1991.

Anguiano y otros. *Las tradiciones de días de muertos en México.* Editado por la Secretaría de Educación Pública, Dirección General de Publicaciones y Medios. Dirección General de Bibliotecas, PACUP. México, 1987.

Autores varios. *En México los muertos también tienen su fiesta.* Coedición Socicultur, D.D.F. El Juglar Editores. México, D. F., 1990.

Autores varios. *Los días de muertos, una costumbre mexicana.* GV Editores. 1991.

Béjar Navarro, Raúl. *El mexicano, aspectos culturales y psicosociales.* UNAM, tercera edición México, 1983.

Careaga, Gabriel. *Mitos y Fantasías de la Clase Media en México.* Editorial Cal y Arena, quinta edición, México, 1990.

Consejo Nacional para la Cultura y las Artes, *La celebración de días de muertos en México.* Dirección General de

Culturas Populares, Departamento de Estudios Etnográficos, México CNCA. Mecanoescrito, México,1989.

Christie-Murray, David. *Reencarnación.* Editorial América Ibérica, S. A. Madrid, España. Agosto de 1994. Distribuido en México por Distribuidora Intermex, S. A. de C. V.

*Diccionario Enciclopédico Vox Lexis 22.* Volúmenes 2, 3, 4, 5, 6, 7, 9, 10, 11, 13, 17, 18, Editorial Círculo de Lectores, S. A. Barcelona, España. 1977.

*El Bhagavad-Gita, tal como es.* Texto sánscrito original y traducción por A. C. Su Divina Gracia Bhaktivedanta Swami Pradhupada. Edición completa. Fondo Editorial Bhaktivedanta. Northampton, Massachusetts, Estados Unidos de América. 1992.

Enciclopedia de México. Tomo 9, p. 4; tomo 11 p. 1; tomo12 p. 77.

Entrevistas a:

Doctor L. Alfonso Reyes Zubiría. Ex presidente de la Asociación Mexicana de Tanatología, A. C.

Doctor Felipe Martínez Arronte. Presidente de la Asociación Mexicana de Tanatología, A. C.

Guadalupe Esperón, tanatóloga.

María Antonieta Villicaña, tanatóloga.

Frazer, James George, *La Rama Dorada,* Fondo de Cultura Económica, México, 1986.

Gómez Pérez, Marco Antonio; Domínguez, Francisco; Guzmán, Carlos; Díaz, Yohanan. *Fantasmas, leyendas y realidades.* Grupo Editorial Tomo, S. A. México, D. F. 1999.

Gutiérrez Esquildsen, María del Rosario. *Ritos y Ceremonias del día de Muertos en Tabasco.* Anuario de la Sociedad Folklórica de México. Volumen IV, pp.291-299. Círculo Panamericano de Folklore Mexicano, 1944.

Instituto Nacional Indigenista. *Ceremonias de muertos.* México Indígena. N° 7. México, 1986.

Internet: http://edison.ucting.udg.mx

Internet. VE Multimedios™

Internet: http://www.pixel.com.mx

León Portilla, Miguel. *La filosofía náhuatl.* Editado por la UNAM. México, D. F. 1966.

*Los Temas Ocultos.* Tomo 1, fascículos 1, 2, 3. Ediciones UVE, S. A., Madrid, España. 1982.

Matos M., Eduardo. *Muerte filo de obsidiana: los nahuas frente a la muerte.* Colección SepSetentas N° 190, México. 1975.

Mendoza, José Luis y Buenabad, Jesús. *Breve historia del día de muertos en México.* Folleto editado por la Secretaría de Educación Pública. México, D. F. 1997.

Monjaras-Ruiz, Jesús. *Mitos Cosmogónicos del México Indígena.* Colección Biblioteca del INAH, México, 1987.

Paz, Octavio. *México en la obra de Octavio Paz. El peregrino en su patria.* Historia y política de México. Volumen Editorial Fondo de Cultura Económica, S. A. de C. V. México, Distrito Federal, 1987.

Revistas *Año Cero.* Año X/ N° 11-0111-009 de noviembre de 1999. Noviembre de 1993. Editada y distribuida en México por Distribuidora Intermex, S. A. de C. V. "El luto": Ramos Perera. *El origen de los ritos funerarios.*

Reyes Zubiría, L. Alfonso. *Curso fundamental de tanatología.* Asociación Mexicana de Tanatología. México. 1997.

Rivera, Luis Fernando. *Antropología existenciaria.* Editorial Guadalupe, Buenos Aires, Argentina. 1983.

*Sagrada Biblia.* Décima octava edición. Editorial Herder, S. A. Barcelona, España. 1982.

Thomas, Louis-Vincent. *Antropología de la muerte.* Editado por el Fondo de Cultura Económica. Primera Edición en español. Traducción de Marcos Lara. México, Distrito Federal. 1983

Westheim, Paul. *La Calavera.* Lecturas Mexicanas No 91. Fondo de Cultura Económica. México, 1995.

Ziegler, Jean. *Los vivos y la muerte.* Serie sociología y política. Siglo XXI editores, 1976.

# TÍTULOS DE ESTA COLECCIÓN

**Impreso** en Offset Libra

Francisco I. Madero 31

San Miguel Iztacalco,

México, D.F.